D1664322

Yvette Estermann   **Erfrischend anders**

Yvette Estermann

Erfrischend anders

Mein Leben – Fragen und Ansichten

orell füssli Verlag

© 2014 Orell Füssli Verlag AG, Zürich
www.ofv.ch
Alle Rechte vorbehalten

Dieses Werk ist urheberrechtlich geschützt. Dadurch begründete Rechte, insbesondere der Übersetzung, des Nachdrucks, des Vortrags, der Entnahme von Abbildungen und Tabellen, der Funksendung, der Mikroverfilmung oder der Vervielfältigung auf andern Wegen und der Speicherung in Datenverarbeitungsanlagen, bleiben, auch bei nur auszugsweiser Verwertung, vorbehalten. Vervielfältigungen des Werkes oder von Teilen des Werkes sind auch im Einzelfall nur in den Grenzen der gesetzlichen Bestimmungen des Urheberrechtsgesetzes in der jeweils geltenden Fassung zulässig. Sie sind grundsätzlich vergütungspflichtig.

Umschlaggestaltung und Motiv: Hauptmann & Kompanie Werbeagentur, Zürich
Foto-Titelbild: © Richard Estermann
Druck: fgb • freiburger graphische betriebe, Freiburg

ISBN 978-3-280-05530-4

Die Deutsche Nationalbibliothek verzeichnet diese Publikation in der Deutschen Nationalbibliografie; detaillierte bibliografische Daten sind im Internet über http://dnb.d-nb.de abrufbar.

Inhaltsverzeichnis

Vorwort

Liebe Leser, am Anfang war der Gedanke …

Es war für mich ein besonderer Tag, als uns seinerzeit ein Brief von Orell Füssli ins Haus flatterte mit der Nachricht, dass man das Buch meines Mannes:»Spitze im Sport, Spitze im Beruf – mit mentaler Stärke zum Erfolg« herausgeben wolle. Das Buch wurde ein Bestseller, erlebte drei Auflagen und erschien in Deutschland sogar als Taschenbuch.

Viele Jahre später liegt ein ähnlicher Brief des gleichen Verlages bei mir auf dem Tisch mit der Möglichkeit, ebenfalls einn Buch zu veröffentlichen. Ich bin jetzt genau zwanzig Jahre in diesem schönen Land, kann eine erste Bilanz ziehen und machte mich deshalb gleich in den Sommerferien an die Arbeit: Jeden Tag um 5.00 Uhr aufstehen, im Freien schreiben und herrliche Sonnenaufgänge erleben!

Seit meiner Ankunft in der Schweiz begegnete ich unzähligen Menschen, die mich mit offenen Armen empfingen. Bei ihnen, aber auch bei meinen politischen Weggefährten, möchte ich mich für ihr Entgegenkommen und für die freundliche Aufnahme ganz herzlich bedanken! Gleichzeitig hoffe ich, dass ich durch meine politische Tätigkeit dem Land etwas zurückgeben kann.

Ein ganz besonderer Dank gebührt meiner Familie und meinen Freunden. Ohne ihr Verständnis und ihre Mithilfe wäre dieses Buch nicht entstanden!

Liebe Leser, ich möchte Ihnen mit diesem Buch auch Mut machen und zeigen: Wir können gemeinsam vieles erreichen, denn gemeinsam sind wir stark!

Und noch etwas: Ich weiss, es gibt viele Politiker, die stundenlang sprechen können, ohne etwas Konkretes zu sagen. Das ist nicht meine Sache. Ich bevorzuge eher die direkte Sprache und nenne die Dinge – etwas unschweizerisch – meistens beim Namen.

Für viele Menschen ist Politik allein langweilig. Deshalb gliederte ich das Buch in drei Teile: eine geraffte Biografie, einen politischen Teil und am Schluss eine Prise Lebensphilosophie. Vielleicht macht dies mein Buch für Sie interessanter oder doch abwechslungsreicher. Ob mir dieser Mix – wenigstens in Ansätzen – gelungen ist, entscheiden Sie!

Ihre Yvette Estermann

HINWEIS: Aus Gründen der Lesefreundlichkeit benutze ich im weiteren Text nur die »männliche« Form. Selbstverständlich ist die »weibliche Menschheit« darin inbegriffen!

Meine erste Heimat – die Tschechoslowakei

»Du wartest hier, bis einer von uns kommt und dich rettet!« Das waren die letzten Worte, die ich von meinen Ferienfreunden an diesem Nachmittag hörte. Wir waren eine kleine Gruppe Kinder. Sie bestand zum einen aus einheimischen Dorfbewohnern wie mir, zum anderen aus auswärtigen Jungs in meinem Alter. Diese kamen während der Sommerferien aus der Stadt zu ihren Grosseltern aufs Land. Und so entstanden immer spannende Spiele zwischen den einheimischen und den auswärtigen Kindern.

Wir beschlossen an einem schönen Nachmittag, »Indianerlis« zu spielen. Ich wurde »geschlechtergerecht« für die Rolle der Gefangenen auserkoren und sollte in einem Gefängnis festgehalten werden. Dazu diente ein leerer Hasenstall in unserer Nachbarschaft. Ich kroch hinein und das Türchen wurde geschlossen. Da ich erst etwa fünf Jahre alt war und von zierlicher Gestalt, hatte ich gut darin Platz. Also machte ich mit und wartete geduldig auf meine Befreiung. Ich wollte doch keine Spielverderberin sein!

Die Jungs waren längst verschwunden, und ich wartete und wartete. »Wie wird wohl die versprochene Befreiungsaktion aussehen?«, fragte ich mich. Aber nichts geschah, kein »Ritter« war in Sicht. Am späten Nachmittag kam unser Nachbar vorbei, um die Hasen zu füttern. Er fand mit mir einen zusätzlichen »Hasen« im Stall und fragte erstaunt: »Was machst du denn hier?« Ich sagte ihm den Grund und er antwortete: »Da kannst du noch lange warten. Die Jungs sind schon längst mit dem Velo abgehauen. Die haben dich ganz einfach vergessen …!« Ich kletterte etwas enttäuscht aus dem Hasenstall und ging an diesem herrlichen Sommertag gemächlich nach Hause.

Warum ich Ihnen das erzähle? Es war ein frühes Erlebnis, das mir schon damals – obwohl nur ein Spiel – zeigte: Selbst ist die Frau! Mach es selber, pack es an! Verlass dich nicht auf andere, ganz nach dem deutschen Sprichwort: »Wer sich auf andere verlässt, der ist verlassen!«

Wie ich aufgewachsen bin

Ich durfte eine sehr schöne und behütete Kindheit erleben, in einem kleinen Dorf, südlich von Bratislava. Meine Grossmutter hatte ein kleines Häuschen mit einem grossen Garten und wir wohnten bei ihr, bis ich sieben Jahre alt war. Dann zogen wir ganz in der Nähe in ein altes Haus ein, das meine Eltern umbauten. Meine Grossmutter Julia betrieb eine kleine Gärtnerei mit Gewächshaus, pflanzte Gemüse und Blumen. Sie war für mich und viele Dorfbewohner eine echte Institution. Man kam zu ihr, um Setzlinge, Gemüse oder Blumen zu kaufen, und unterhielt sich bei dieser Gelegenheit über verschiedene Alltagsprobleme.

Julia redete nicht viel. Aber was sie sagte, hatte Gewicht. Aus ihr sprach eine grosse Lebenserfahrung! Man wollte sich ihr auch mitteilen und ich war dabei keine Ausnahme. Sie war damals meine beste Freundin und sie hörte mir immer aufmerksam zu. Dann umarmte sie mich und sagte nur:»Ja, du mein Liebes …« Das reichte mir bereits: ihre Präsenz und ihr Verständnis. Ich wollte keine Predigten hören, denn diese bekam ich von anderen Erwachsenen zur Genüge. Ich wollte nur verstanden werden und dieses Verständnis gab sie mir. Immer. Meistens kamen ältere Frauen aus dem Dorf zum Einkaufen in die Gärtnerei und man kannte sie alle. Sie fanden auch immer Zeit und Musse für interessante Gespräche. Oft blieben die Leute mehr als eine Stunde da und erzählten, was im Dorf geschah, aber auch über persönliche Dinge. Ich hörte aufmerksam zu, denn hier sprach das Leben selbst zu mir! Was da an Geschichten zusammenkam: fantastische, traurige, alltägliche und fröhliche. Das Leben bot sich sozusagen selbst an, um mir eine Lektion Lebensschule zu erteilen. Gibt es etwas Besseres für ein Kind, als Erfahrungen aus erster Hand zu machen?

Das kleine Dorf war für mich als Kind das Paradies. Ich konnte mitten in der Natur aufwachsen und tun und lassen, was ich wollte. Die Natur, die Tiere und eine fast grenzenlose Freiheit trugen wesentlich dazu bei, dass ich meine Kindheit so intensiv erleben konnte. Meine Eltern und Julia wollten nur wissen, wo ich bin, und ich wusste, dass ich zum Mittagessen und vor Sonnenuntergang wieder zu Hause sein musste. Das waren die einzigen Regeln, die meine frühen Jahre bestimmten. Eines war mir immer klar: In der Stadt hätte meine Kindheit einen ganz anderen Verlauf genommen. Und ich bin deshalb meiner Familie sehr dankbar, dass ich frei und doch gleichzeitig so gut behütet in einem kleinen Dorf aufwachsen durfte.

Auch wenn ich ausser Haus mit Spielfreunden unterwegs war oder Streifzüge in die Natur unternahm: Ich hatte immer die Gewissheit, dass ich jederzeit ein Mitglied meiner Familie zu Hause erreichen konnte. Das gab mir ein Gefühl von Sicherheit und Geborgenheit.

Zu den unspektakulären, aber schönsten Erinnerungen an meine Grossmutter zählt der Winter. Da sie eine kleine Gärtnerei betrieb, brauchte sie Setzlinge. Diese wurden mit viel Mühe bereits im Winter gezogen. Oft sassen wir nach der Arbeit bis in die tiefe Nacht hinein im Treibhaus. Sie musste jeweils abends noch den Ofen mit Brennmaterial auffüllen, damit die Temperatur bis zum Morgen im Raum nicht unter null Grad fiel.

Auf dem abgeschrägten Glasdach, nahe beim Ofenrohr, wärmten sich Katzen. Es war oft bitterkalt. 20 Grad minus und weniger, waren damals bei uns keine Seltenheit. Die kalte Strömung aus Russland brachte herrliche, sonnige und trockene Tage, aber auch klirrende Kälte. So sassen wir beim Ofen – wortlos und still. Es herrschte Ruhe und Frieden. Mit dem Mond und den Sternen über mir fühlte ich mich gut aufgehoben und geborgen. Zufriedenheit nach getaner Arbeit und abrechnen mit dem vergangenen Tag. Der Raum war erfüllt vom Geruch feuchter Erde, trockenem Holz und Mist, der unter der Erde lag. Aber es war auch immer noch ein undefinierbarer Geruch mit dabei. Ich nannte ihn einfach »Geruch des Lebens«, denn im Treibhaus wuchsen Hunderte kleiner

Pflänzchen heran. Das Feuer entlockte dem Holz Knisterge-
räusche und der Wind sang durch den Kamin ein traurig-
schönes Lied.

Ich profitierte von vielen simplen Erfahrungen in der damaligen Zeit für mein ganzes Leben: in Ruhe sitzen, das Leben
auf sich zukommen lassen, die Kraft der Stille spüren, alle
Sinne geschärft und den Körper doch entspannt erleben.

Es waren die stillen Stunden in der Dunkelheit der Nacht
und viele andere, ähnliche Erfahrungen aus meiner Jugendzeit,
die mir auch heute noch ermöglichen, inmitten des täglichen
Trubels eine Haltung der Stille, des Friedens und der inneren
Kraft zu bewahren.

Schon sehr früh half ich meiner Grossmutter gerne im Garten

Es sollte eigentlich einfach sein, seine eigenen Eltern zu beschreiben. Ist es für mich aber nicht. Trotzdem möchte ich dieser Aufgabe als Erwachsene nachkommen.

Meine Mutter war für mich »eine Frau des Gesetzes«. Sie war die Person, die auf alles geachtet hat, auch dass Disziplin, Regeln und Ordnung im Haus herrschten. Sie war streng und manchmal etwas angespannt. Sie kümmerte sich um so viele Bereiche, dass es für mich heute an ein Wunder grenzt, wie sie das alles bewerkstelligen konnte.

Obwohl sehr streng – auch zu sich selbst – war Mutter einfühlsam und empfindlich. Vater hingegen war mehr ein lockerer Typ. Er war zu uns nie ganz streng, sondern liess uns eher gewähren. Das ist auch verständlich, denn er arbeitete die meiste Zeit während des Tages. Ausflüge in die Natur, – das war dann aber seine Sache! Mutter freute sich auf das Wochenende: Endlich konnte sie sich etwas erholen und ausruhen. Vater hingegen gab sich abenteuerlustig und machte mit uns kleinere Ausflüge in die nahe Umgebung.

Es war toll: Mutter bereitete für uns den Proviant vor, gab uns viele Ratschläge, Verbote und Regeln mit auf den Weg. Dann fuhr Vater los. Kaum am Ziel angekommen, warnte er uns noch vor eventuellen Gefahren und liess uns dann ziehen … Wenn Mutter das wüsste! Aber für uns war es herrlich, denn ich konnte endlich die ganze Umgebung richtig erkunden. Wir bauten im Bach kleine Wassermühlen, beobachteten Tiere und die Natur.

Gab es im Sommer einmal eine Donau-Überschwemmung, gingen wir zu einer Krümmung des Flusses, wo kleine Wege im Wald überschwemmt waren, und bastelten aus einer

Luftmatratze ein Boot. Ich konnte dann damit wie Christoph Kolumbus die Welt entdecken und Gebiete erschliessen, die ich trockenen Fusses nicht erreicht hätte. Aus der Entdeckerperspektive war alles ganz anders und es störte mich auch nicht, dass es unter mir oft nur einen halben Meter Wasser gab. Wurde ich einmal krank, war es Mutter, die sich sorgte, mich pflegte und mit Medikamenten vollstopfte. Dann kam mein Vater zu mir und las mir etwas vor. Meistens war es ein Buch, das er gerade las oder ein alter Mystiker. Gerne tauchte ich schon als Kind in die Welt der Erwachsenen ein und heute noch erinnere ich mich gut an das, was mir Vater erzählte.

Später las ich die Bücher dann selber und staunte nicht schlecht, denn sie haben für mich nichts von ihrem Zauber verloren.

Obwohl sich Mutter nie selbst ein Talent zugestehen wollte: Sie konnte schon immer sehr gut malen. Am besten mit Ölfarben. Sie wollte, als sie noch ein Mädchen war, an die Kunstakademie nach Prag, um Malerei zu studieren. Leider erlaubte dies meine Grossmutter Julia nicht. Und so ist die Malerei bis heute ihr Hobby geblieben. Für mich war sie aber vor allem die beste Managerin, die ich kannte, und eine hervorragende »Finanzministerin«. Nie hatten wir diesbezüglich irgendwelche Probleme. Sie managte die gesamte Familie und führte erfolgreich die Familienkasse.

Vater war als Autodidakt einiger Fremdsprachen mächtig und kam überall auf der Welt zurecht. Wäre er etwas später geboren worden, wäre aus ihm ein Weltenbummler geworden. Als nämlich die Reisebeschränkungen des Sozialismus aufgehoben wurden, lebte er als Pensionist seine Reiseleidenschaft richtig aus. Er bereiste nicht nur sämtliche Ostblockländer und die USA, sondern auch Griechenland, Israel, Deutschland, Österreich und natürlich die Schweiz. Am liebsten besuchte er Orte und Plätze, die etwas mit Religion zu tun haben und zu den historisch wichtigen Städten der Welt gehören. Von dort brachte er auch immer viele Souvenirs mit nach Hause.

Wenn er mich vor der Abreise jeweils fragte, was er mir mitbringen solle, sagte ich immer: »Am liebsten Steine!« Mineralien sind eine meiner grossen Leidenschaften. Schon als Kind sammelte ich Kieselsteine mit schönen Farben und Formen und fragte mich, wie sie wohl entstanden sind. In meinem Garten und rund um unser Haus gibt es auch heute noch eine ganze Menge Steine, die wir von unseren unzähligen Wanderungen nach Hause brachten.

Gerne erzählte Vater dann im Familienkreis und bei Bekannten von seinen Reiseerlebnissen. Und mit seiner Überzeugungskraft schaffte er es auch immer wieder, in das »Vorzimmer« eines Bischofs oder sogar eines Staatspräsidenten zu gelangen. Was meine Mutter als Friedensstörung auslegte, war für Vater ein einmaliges Erlebnis und eine echte Horizonterweiterung.

Ja, aus dieser Mischung bin ich dann entstanden: in meiner Jugendzeit anständig, schüchtern, bedacht, aber vielleicht manchmal auch etwas frech und unzähmbar. Ich bin meinen Vorfahren dankbar für alles. Von jeder Person in meinem Stammbaum trage ich etwas in mir. Und sie leben in mir weiter. So bleibt alles mit allem verbunden, über

Jahre, Jahrzehnte und ganze Generationen. Darin besteht unsere Unsterblichkeit. Wir leben in einer bestimmten Form weiter, ob wir wollen oder nicht, ob wir es fassen können oder nicht.

Egal, wie meine Eltern selbst ihr eigenes Leben beurteilen würden: Für mich waren sie Ideale. Sie haben einen grossen Teil meiner Persönlichkeit geformt, meine Talente gefördert und mich auf Schwächen aufmerksam gemacht. Ihre Liebe, ihre Zuneigung, ihre Pflege und Unterstützung für mich kann ich ihnen unmöglich im gleichen Mass zurückgeben. Aber ich sage ihnen ganz einfach: Danke für alles! Und ich versuche, die Liebe weiterzugeben an meine Familie und an meine Mitmenschen.

Yvettes Familie: zusammen mit den Eltern und Bruder Zdenko

17

Oh, wie war ich aufgeregt, als ich in unserem Dorf zum ersten Mal mit meiner Mutter zusammen durch das Tor der »grossen Schule« schritt! Alles war mir neu und unbekannt. Wir waren zwar schon einmal während der Kindergartenzeit hier zu Besuch. Aber jetzt war alles anders. Jetzt war ich eine Schülerin! Nach meinem damaligen Begriff war ich nun kein Kind mehr, sondern eben eine echte Schülerin, die ihre Pflichten hat. Spielen war zur Nebensache geworden.

Ich war voll motiviert und wollte möglichst schnell lesen und schreiben lernen. Kaum konnte ich es erwarten, dass ich die Bücher mit ihren geheimnisvollen Zeichen endlich lesen und verstehen konnte. Dazu wollte ich schreiben lernen, um endlich meine vielfältigen Gedanken und Fantasiewelten auf Papier zu bringen.

Gleich nach den ersten Unterrichtsstunden zeigte sich bei mir aber ein Problem: Ich entsprach nicht der gängigen Norm, wie man bei uns sagte, und musste deshalb zu unserem Schuldirektor. Um was ging es? Schon im Vorschulalter malte und zeichnete ich mit der linken Hand. Auch für Gegenstände des täglichen Gebrauchs war bei mir die linke Hand zuständig. Das war nicht weiter schlimm. Jetzt schrieb ich in der Schule auch mit der linken Hand, aber dazu noch in Spiegelschrift, von rechts nach links! Das war natürlich ein echtes Problem für die Lehrer.

Der Herr »Genosse Direktor« besass ein kleines Büro im ersten Stock des Schulhauses. Mit »klein« meine ich vielleicht zwei mal drei Meter. Mutter begleitete mich. Wir klopften an und es kam das »Herein!«. Beim Eintreten machte der Direktor seine Zigarette aus und lächelte freundlich.

Dann kam er gleich zur Sache. »Das geht leider nicht, meine Liebe, dass du mit der linken Hand schreibst und dazu noch spiegelverkehrt. Schreibe mit rechts. Du kannst weiterhin mit der linken Hand malen und zeichnen, wenn es dir gefällt. Aber schreiben musst du so, dass es andere auch lesen können. Versuchst du das einmal?« Ich nickte kräftig und damit war die Audienz auch schon beendet.

Es war auch das einzige Problem, das in diesen Anfangsjahren der Schulzeit auf mich zukam. Die Lehrer waren sehr loyal und verständnisvoll. Meine Generation wurde in der Schule auch nicht mehr misshandelt, im Gegensatz zu derjenigen meiner Eltern. Es war in früheren Zeiten nämlich üblich, dass Kinder vom Lehrer oder vom Pfarrer geschlagen wurden. Wir mussten als Strafe lediglich in die Ecke stehen, nachsitzen oder eine Extraarbeit verrichten. Das war für mich akzeptabel.

Mutter hatte bei meiner Geburt ihren Beruf aufgegeben. Dafür bin ich ihr bis heute dankbar. Sie kümmerte sich neben meiner Erziehung um den Verkauf von Gemüse an Grosskunden, wenn es eine gute Ernte gab. Zudem hatte sie 60 Bienenvölker und verkaufte deren Honig. Das brachte etwas zusätzliches Geld in die Kasse, sodass die Eltern sich dann ein altes Haus in der Nachbarschaft leisten konnten.

Als ich sieben Jahre alt war, kam mein Bruder Zdenko zur Welt, was vieles in meinem Leben veränderte. Plötzlich hatte ich eine zusätzliche Aufgabe und musste Verantwortung übernehmen! Wenn ich von der Schule nach Hause kam und meine Schulpflichten erledigt hatte, gehörte es zu meinen neuen Aufgaben, den kleinen Bruder zu beaufsichtigen. Anfänglich machte es Spass, später weniger, denn ich musste ihn überallhin mitschleppen. Oft hätte ich ihn lieber zu Hause bei Mutter gelassen und mit Freundinnen gespielt. Aber das ging leider nicht immer.

Doch so oder so war es für mich eine schöne Zeit. Eine heile Welt. Und die Schule eine rundum erfreuliche Angelegenheit. Ich hatte keine Mühe zu lernen, denn ich war immer sehr wissbegierig. Schon einige Wochen vor Ende der Sommerferien freute ich mich bereits wieder auf das neue Schuljahr.

Das beschauliche Leben in unserer Dorfidylle geriet nur selten aus den Fugen. Manchmal gab es kleinere Diebstähle, Unfälle oder es brannte. Ein Ereignis, das aber das ganze Dorf jahrelang beschäftigte, war der brutale Mord an einer Medizinstudentin. Ihre Leiche fand man im Sommer 1976 in unserem Dorf. Sie wurde im Fluss von einigen grossen Steinen aufgefangen.

Ich war damals bereits in der Primarschule und wir wohnten schon nicht mehr bei unserer Grossmutter. Von uns aus nur einige hundert Meter flussaufwärts, bei der Brücke, hatten sich mehrere Dutzend Dorfbewohner versammelt. Als neugieriges Kind wollte auch ich wissen, was da passiert war und ging hin.

Eine Frauenleiche lag auf den grossen Steinen, die eine kleine Kaskade in unserem Fluss bildeten. Oft staute sich dort Schwemmholz, das der Fluss in seinem Verlauf bis hierher mitbrachte. Dort lag jetzt der Leichnam. Alle wichtigen Leute waren da: der Gemeindepräsident, Feuerwehrleute aus unserem Dorf, der Dorfarzt und selbstverständlich die Polizei. Ich schaute der Bergung zu und konnte es nicht glauben: Bei uns, in unserem kleinen, beschaulichen Dorf passierte so etwas! Morde gibt es doch immer nur im Fernsehen oder in den Krimibüchern, dachte ich. Das ist doch unmöglich!

Die Polizei ging in dieser Zeit von Haus zu Haus und fragte nach, ob wir in letzter Zeit etwas Ungewöhnliches bemerkt hatten: fremde Personen, Autos usw. Sie kamen auch zu uns. Mir war nur einige Tage vor dem Leichenfund etwas aufgefallen. Ein Mann stand in einem Boot und stocherte mit einer langen Stange im Fluss herum. Das war ungewöhnlich. Bei uns im Dorf war noch nie jemand mit einem Boot auf dem Fluss unterwegs. Hatte jemand an der falschen Stelle – aus irgendeinem Grund – nach dem Leichnam gesucht? Meine Beobachtung teilte ich auch dem Polizeibeamten mit. Er schrieb die Aussage in sein Notizbuch, bedankte sich und ging ein Haus weiter.

»Sicher wurde der leblose Körper von weit her angeschwemmt und hier ist er einfach hängen geblieben!«, sagten die Bewohner untereinander. Später erfuhren wir weitere schreckliche Einzelheiten. Aber leider waren verschiedene Versionen des Tathergangs im Umlauf und es tauchten auch immer wieder neue Rätsel auf. Deshalb möchte ich hier auch nicht weiter spekulieren, zumal es über den Mord nie eine glaubwürdige, offizielle Darstellung der Polizei gab. Aber das mysteriöse Verbrechen hat das ganze Dorf erschüttert und berührte uns alle sehr.

Sassen vielleicht die Falschen im Gefängnis? Wer waren die wirklichen Täter? Waren es doch einflussreiche Ausländer, wie damals vielfach vermutet wurde?

Die Wahrheit ist offenbar bis heute nicht bekannt. Als ich den Namen der toten Studentin bei einer Internetsuche eintippte, erschienen viele Seiten über diesen Fall. Es wurde sogar ein zweistündiger Dokumentarfilm über die Tat gedreht. Offenbar beschäftigt dieser ungelöste Mord die Menschen in der Slowakei bis heute.

Wenn ich nachmittags von der Schule kam und die Hausaufgaben erledigt hatte, war ich glücklich und im Himmel. Vor unserem Haus, gleich nach der Brücke, gibt es heute noch einen kleinen Wald aus Walnussbäumen. Ich kletterte dann auf einem Baum ganz nach oben, soweit es ging. Da oben war mein Reich! Ganz oben in den Kronen und dem Himmel nah. Es roch dort oben nach Gras und Moos. Ich war hier in meiner eigenen Welt, aber doch voll im Leben. Der Wind spielte meistens auch mit und schaukelte mich sanft in den Wipfeln.

Das war für mich die Zeit zum Abschalten, zum Träumen, zum Nachdenken. Oft war meine Mutter nicht so erfreut, wenn ich mit grünen Hosen nach Hause kam. Vielleicht ist es auch nicht so üblich, dass Mädchen auf Bäume klettern. Aber nie hat mir jemand gesagt, dass ich als Mädchen dieses oder jenes nicht tun dürfe. Die Zeit, als ich aus purer Lust und Leidenschaft meine Freizeit in den Kronen der Bäume verbrachte, ist längst vorbei. Die angenehmen Erlebnisse und Erinnerungen trage ich aber immer noch in mir.

Im Winter widmete ich mich in der Freizeit besonders dem Zeichnen und Malen. Ich stürzte mich in die Welt der Farben und Formen und liess dabei meiner Fantasie freien Lauf. Besonders Federzeichnen und Wasserfarben hatten es mir angetan. Es entstanden dabei aber nie grosse Werke. Doch die Hefte mit den Zeichnungen und Gedichten überdauerten ihre Zeit bis in die Gegenwart.

Heute widme ich mich engagiert und mit grossem Enthusiasmus der Ölmalerei, sofern sich für mich einmal ein Zeitfenster für einige Stunden öffnet. Ich kann mich dabei wunderbar entspannen und abschalten. Und lebe dann in einer ganz anderen Welt!

Mit zwölf Jahren begann ich meine ersten Gedichte zu schreiben. Meine Slowakischlehrerin unterstützte mich dabei. Und so nahm ich nicht nur mit Rezitationen an Wettbewerben teil, sondern auch mit eigenen »Werken«. Ab und zu wurde ich dafür sogar ausgezeichnet. Obwohl ich sehr scheu und eher introvertiert war, nahm ich an diesen Wettbewerben teil. Es waren für mich wieder neue Erfahrungen und darauf wollte ich nicht verzichten. Die besten Schüler wurden der jeweiligen Kategorien zu den Bezirksmeisterschaften geschickt. Ich schaffte es leider nur bis zu den Wettbewerben auf Landkreisebene.

Im dritten Jahr der Grundschule kam Russisch dazu. Auch diese Sprache lernte ich sehr gerne und beteiligte mich an vielen Wettbewerben, oft sogar mit Auszeichnung. Russisch ist eine faszinierende Sprache. Sie ist so schön weich. Gedichte, zum Beispiel von Puschkin, klingen deshalb einzigartig! Und einem Michail Gorbatschow zuzuhören – den ich ausserordentlich schätze –, ist für mich ein wahrer Genuss! Ich mag Russisch auch heute noch sehr. Ab und zu treffe ich auf russische Gesprächspartner und kann einen kurzen oder längeren Dialog mit ihnen führen.

Später versuchte ich auch, Gedichte in deutscher Sprache zu schreiben. Eines meiner ersten Gedichte in der für mich neuen Sprache war »Der Schmetterling«:

Die Welt braucht ihn doch …

Er verschönert Wald und Wiese,
Ist nur klein, kein grosser Riese!
Der kleine Körper trägt grosse Fracht,
Es ist die himmlische Farbenpracht!

Mit ihm ist das Leben schöner,
Er ist hier – der Weltbewohner!
Das Leiden der Welt kann er mildern,
was der Mensch nicht kann verhindern.

Er hat eine Botschaft für uns,
»Das Leben ist die schönste Kunst!
Schau mich an und werde weise,
Komm mit mir und staune leise.
Die Natur ist deine Mutter,
Gibt dir Liebe und das Futter.
Sei bitte ein dankbares Kind!
Vergessen wir nicht, wer wir sind!«

Schützen und pflegen – viele nur lachen:
»Das sind doch nicht die wichtigsten Sachen!«
Oh, Menschenskind, mach hier bitte Halt,
Ehre die Natur, die immer schon galt!
In heutiger Zeit schon etwas verstaubt,
Seiner Wichtigkeit um vieles beraubt.

»Ich bin hier, um daran zu erinnern,
Dass Kräfte, Gesundheit aus ihr rinnen.
Versetzt dir die Welt einen Stoss,
Komm ruh' dich aus – in ihrem Schoss!«

Ihr Schmetterling …

Zudem schrieb ich später im Gymnasium für die Studenten-
zeitung regelmässig Beiträge und beteiligte mich auch dort an
Wettbewerben. Einmal gelang es mir, in einem Landkreis unter die besten drei zu kommen, zur grossen Freude meines
Professors für slowakische Literatur. Schreiben entwickelte
sich bei mir im Laufe der Zeit zu einer echten Leidenschaft.
Ich könnte mir deshalb gut vorstellen, dass dieses Buch nicht
mein letztes sein wird.

Ich ging immer gern zur Schule und lernte auch gern. Warum,
weiss ich nicht genau. Aber auf jeden Fall war ich sehr wis-
sensdurstig und mit Lernen wurde meine unersättliche Neugier teilweise befriedigt. Und es war immer ein gutes Gefühl,
zu den Besten zu gehören. Ich wusste schon sehr früh, dass ich

mich anstrengen muss. Denn sehr gute Noten waren die Voraussetzung für mein Ziel, dem Medizinstudium näherzukommen. Auf Unterstützung eines Parteimitgliedes konnte ich nämlich nicht zählen, da meine Familie mit der kommunistischen Partei nichts am Hut hatte.

Dann bekam ich auch zum ersten Mal zu spüren, dass ich politisch nicht »systemkonform« war, wie man das damals bei uns nannte. Ich wurde von den anderen Schülern als Klassensprecherin vorgeschlagen. Das ging aber bei der Schulleitung nicht durch. Ich stamme nämlich aus einer gläubigen Familie, die sich dazu auch bekannte, und ich besuchte regelmässig den Religionsunterricht beim Dorfpfarrer. Jetzt wusste ich also

Yvette in der Primarschule, 3. Klasse, zum Muttertag

definitiv, dass es allein auf meine Leistung ankam, da mir die »Systemkonformität« fehlte!

Offenbar machte ich in der Schule meine Sache gut, denn ich wurde oft als Streberin bezeichnet. Aber ich wusste ganz einfach, was ich wollte! Das war alles. Ohne meinen gesunden Ehrgeiz hätte ich das Ziel wohl kaum erreicht.

Die Sommerferien dauerten in der CSSR zwei Monate. Das waren für mich echte Ferien, die schönste Zeit des Jahres! Wo ich die Zeit verbrachte? Einige Häuser weiter, bei meiner Grossmutter Julia. Am letzten Schultag packte ich meinen grossen Koffer und schleppte ihn die Strasse hinunter bis zu ihrer Haustüre. Die Nachbarn sahen mir zu, wie ich mich über die holprige Strasse kämpfte und hatten dabei ihren Spass: »Wo soll es denn hingehen mit dem riesigen Koffer?«, fragten sie. Sie wussten natürlich, dass mein »Feriendomizil« nur einen Steinwurf weit entfernt war.

Bei Julia bezog ich nun das alte Wohnzimmer mit dem ausziehbaren Sofa und konnte mich so richtig erholen. Ab und zu kam meine Mutter vorbei und beschwerte sich, dass ich mich zu Hause nicht mehr zeige. Doch ich hatte hier eine tolle Beschäftigung: den ganzen Tag Kunden bedienen, während Grossmutter in der kleinen Gärtnerei arbeitete. Das machte mir riesigen Spass! Dann kochten wir zusammen das Mittagessen und ruhten uns etwas aus. Julia trank einen Kaffee und ich lutschte an einem Eis.

Oft besuchten wir zusammen den Friedhof und pflegten die Familiengräber. Auch dort und schon auf dem Weg zum Friedhof begegneten wir verschiedenen Personen. Und es gab wieder intensive Gespräche. Bereits damals interessierte ich mich sehr für meine Mitmenschen und suchte deren Kontakt. Das ist auch heute als Politikerin nicht anders.

Doch zurück zum Thema. Meine Familie machte damals kaum Urlaub. Zweimal waren wir für einige Tage in Bulgarien und das war's schon. Die Urlaubsabstinenz im Sommer hatte aber auch Gründe: Wir hatten Haustiere, einen grossen Garten und dieser musste gegossen werden. Auch heute sind in der Slowakei Sommertemperaturen über 35 Grad keine Seltenheit und der Regen lässt oft bis September auf sich warten. Deshalb brauchte es bei uns zu Hause Präsenz oder eine Vereinbarung mit Nachbarn, die in unserer Abwesenheit für Haus, Tiere und Garten sorgten.

Ja, die Tiere. Grossmutter Julia hatte neben einem Hund und Katzen auch noch Hühner und Enten. Meine Tante hingegen betrieb noch einen richtigen Bauernhof. Hier konnte ich bei einem Besuch jeweils Kühe, Schweine und einen ganzen Hof voll mit Hühnern, Enten und Truthähnen bestaunen. Manchmal durfte ich im Stall etwas mithelfen und erhielt als Belohnung frische, aufgeschäumte, leicht warme Milch. Ein echter Genuss!

Es war schön mitzuerleben, wie die kleinen Katzenkinder unserer pechschwarzen Katzenmutter »Mafia« zur Welt kamen und heranwuchsen. Und unser Hund »Zahraj« wurde geboren, als ich vier Jahre alt war. Er begleitete mich, wie unsere Katzen, bis ins Erwachsenenalter. Er war mein tierischer Freund und gleichzeitig auch mein »Therapeut«. Alle meine täglichen Sorgen konnte ich ihm erzählen und wenn es ganz schlimm war, weinte ich mich bei ihm aus.

Ich denke oft an diese Zeit zurück und an heutige, aktuelle Situationen. Auch im Rahmen meiner Beratertätigkeit. Das Problem kennen wir alle: Menschen möchten etwas sagen, aber niemand hört ihnen zu! Jeder will selbst sprechen. Viele Referenten – wenn sie erst einmal loslegen – sind kaum mehr zu stoppen.

Aber Menschen brauchen oft jemanden, zu dem sie Vertrauen haben und der ihnen verständnisvoll zuhört! Sie erwarten dabei meistens keine grossen Ratschläge. Es braucht in bestimmten Situationen auch keine Kommentare. Zuhören und Präsenz reichen oft vollkommen aus!

Als Kind war ich ab und zu krank. Meine Mutter hatte die Neigung, mich schon bei niedrigem Fieber sofort mit Aspirin zu behandeln oder mit mir zum Arzt zu gehen. Oft habe ich die Pillen sogleich wieder ausgespuckt, was meiner Mutter und dem Arzt natürlich nicht gefiel. So erhielt ich dann eine Spritze, meistens mit Penicillin.

Schon sehr früh – vielleicht auch wegen dieser Erfahrungen – entwickelte sich bei mir eine gewisse Abneigung gegen Pillen und ganz besonders gegen Spritzen. Sie waren für mich ein Angriff auf meinen Körper und auf meine persönliche Integrität! Als ich als Kleinkind meine erste Spritze bekommen sollte, musste noch eine Schwester vom Arzt nebenan mithelfen. Sie alle mussten mich festhalten. Ich sagte mir damals: »Jetzt könnt ihr das noch mit mir machen. Aber wenn ich erwachsen bin, werde ich selbst entscheiden, welche Behandlung ich möchte!« Der einzige Trost für mich war, dass ich nachher das Fläschchen und die Spritze behalten durfte. Damit konnte ich nun meine Teddybären behandeln.

Mein Versprechen von damals habe ich eingehalten. Niemand konnte mir nach dem 18. Lebensjahr noch etwas andrehen. Ich suchte nach Alternativen und war überzeugt: Es muss parallel zur Schulmedizin auch noch andere Wege der Heilung geben, nämlich ganzheitliche, sanfte und natürliche Methoden!

Die alternativen Heilmethoden waren schon immer meine Sache. Sie fanden aber leider bei uns in der früheren CSSR – ausser einigen bewährten Hausmitteln – nur geringe Verbreitung. Ich hatte deshalb praktisch keine Möglichkeit, diese näher kennenzulernen, bis ich in die Schweiz kam. Doch in der Zwischenzeit hat sich auch in der Slowakei die Situation der Naturmedizin ganz stark verbessert.

»Sie sind für das Medizinstudium zugelassen!«

Neugier prägte meine ganze Jugendzeit. Dauernd probierte ich Dinge aus und ich wollte immer wissen, wie etwas funktioniert oder was dahintersteckt. Ganz besonders interessierte mich die Anatomie von Tieren und ich untersuchte deren Innenleben. Falls ich Glück hatte und einmal einen toten Frosch oder Spatz fand, holte ich mein Taschenmesser hervor, machte mich ans Werk und nahm eine »Autopsie« vor. Ich wollte schliesslich unbedingt wissen, was hinter dem Leben steckt.

Ab und zu hatten meine Spielkameraden einen kleinen Unfall und getrauten sich nicht, mit einer blutenden Wunde nach Hause zu gehen. Dann kamen sie zu mir. Ich habe dann die Wunde gesäubert, desinfiziert und schön verbunden. Die Verbandstechnik hat mir mein Vater beigebracht. Er wäre auch gerne Arzt geworden, was leider nicht klappte. Aber er konnte seinen Militärdienst als Sanitäter leisten und diese Tätigkeit befriedigte ihn sehr. Die Vorgesetzten sahen sein Interesse und seine Fähigkeiten und empfahlen ihm die Laufbahn zum Militärarzt. Er hätte dann aber auch einige Jahre für das Militär arbeiten müssen und das kam für ihn im damaligen sozialistischen System der CSSR nicht infrage. Umso grösser war dann seine Freude, als ich in Medizin promovierte.

Vater arbeitete bei der staatlichen Versicherung des Landes. In der Freizeit ging er seiner »Berufung« als Naturheiler nach, auch wenn er darin nicht ausgebildet war. Mein Vater war, wie auch alle anderen Familienmitglieder, kein Mitglied der kommunistischen Partei und das war für seine Tätigkeit als Heiler etwas kritisch. Da er aber für seine Behandlungen kein Honorar verlangte, war er nicht angreifbar! Oft standen 20 bis 30 Autos vor unserem Haus. Alle wollten zu Vater. Er war sehr bekannt, erschien auch ab und zu im staatlichen Fernsehen und war als Naturheiler aussergewöhnlich erfolgreich. Zu seinen Klienten zählten bekannte Schauspieler, Leute vom Fernsehen und viele andere Prominente aus dem ganzen Land.

Schon seit meiner frühen Kindheit stand für mich fest: Ich möchte Ärztin werden. Anderen Menschen in Not zu helfen, war bereits damals mein höchstes Ziel.

Die Tätigkeit meines Vaters hat mich dabei bestimmt auch inspiriert. Aber ich wollte, im Gegensatz zu ihm, unbedingt eine medizinische Ausbildung machen. Alle Erwachsenen sagten mir aber sofort:»Weisst du, dass du dann sehr viel lernen musst und ganz gute Noten brauchst?« Ja, das war für mich ganz klar: Ich musste versuchen, praktisch bis zum Gymnasium immer die Klassenbeste zu sein! Dieser Tatsache war ich mir bewusst. Nur dann konnte ich damit rechnen, überhaupt einen Studienplatz an einer Universität zu erhalten! Wir hatten nämlich bei uns eine Art Nummerus clausus, sodass nur diejenigen mit den besten Noten für ein Medizinstudium zugelassen wurden. Ausgenommen von dieser Regelung waren im sozialistischen System wieder einmal die Söhne und Töchter grosser Politiker.

Acht Jahre in der Primarschule ist es mir gelungen, Klassenbeste zu sein. Doch im Gymnasium reichte mein Notendurchschnitt nur noch für eine Position unter den besten drei. Im Nachhinein muss ich sagen, dass die vier Jahre im Gymnasium die schwierigsten Jahre meines ganzen Lebens waren. Freunde hatten mich vorher gewarnt:»Du musst einfach durchhalten, mit der Zeit wird es dann immer besser!« Und so war es auch. Es gab zwar ab und zu kurze Momente, wo ich das Studium abbrechen wollte. Ich war müde und demotiviert. Aber Vater fand in solchen Momenten immer die richtigen, tröstenden Worte. Als ich einmal verzweifelt vor einer für mich fast unlösbaren Mathematikaufgabe stand, sagte er:»Wenn es für dich im Gymnasium zu schlimm wird, kannst du sofort abbrechen. Es passiert nichts und du kannst morgen schon etwas anderes machen!« Das war für mich genau die richtige

Medizin! Ich dachte darüber nach und sagte mir nach kurzer Zeit: »Nein, ich will weitermachen. Ich will mein Ziel erreichen und muss hier einfach durch!« So konnte ich mich schnell wieder fangen und machte weiter.

Umso mehr genoss ich im Gymnasium dann die Ferien und die schönen, warmen Sommermonate. Ich traf in dieser Zeit Bekannte, arbeitete in Haus und Garten. Ab und zu machten wir kurze Ausflüge nach Ungarn, Polen oder Tschechien. Aber auch das Schreiben war in den Ferien mein ständiger Begleiter: Ich schrieb Kurzgeschichten, Gedichte und zeitweise führte ich ein Tagebuch.

Manchmal stellte sich bei uns zu Hause Besuch ein. Die vielen guten Gespräche über Gott und die Welt, die oft bis in den frühen Morgen dauerten, waren für mich sehr wichtig und ich nahm dann motiviert wieder mein Studium auf. Und zum Schluss hiess es: Ende gut, alles gut. Die Matura schloss ich in allen Prüfungsfächern mit der Note »Ausgezeichnet« ab.

Ich erinnere mich noch genau an den Tag, als mir die Briefträgerin den Bescheid der medizinischen Fakultät der Comenius-Universität in Bratislava übergab: »Sie sind für das Medizinstudium zugelassen!« Das war für mich eine tolle Nachricht, mit der ich nicht unbedingt rechnen konnte. Jetzt durfte ich freudig und hoffnungsvoll in die Zukunft blicken!

Studenten mussten damals während der Sommer-Hochsaison im Rahmen eines »Sozialistischen Hilfsprogramms« Frondienst leisten. Ich wurde dabei der Lebensmittelindustrie zugeteilt. Im Rahmen dieses Hilfsprogramms und auf Interven-

Yvettes Matura, 1985

tion eines leitenden Spitalarztes erhielt ich – zusammen mit einigen anderen Studenten – die Möglichkeit, einer Obduktion im Spital beizuwohnen. Das Pathologieerlebnis hat indirekt gezeigt, wer für ein Medizinstudium geeignet ist und wer nicht. Einige Kollegen mit einem sonst grossen Mundwerk mussten als Erste aus dem Saal. Andere kippten einfach um.

Danach begann der Ernst des Studiums. Zuerst pendelte ich jeden Tag von meinem Wohnort nach Bratislava zur Universität. Das war sehr anstrengend, vor allem im Winter. Aufgrund dieses Umstands bekam ich ein Anrecht auf ein Zimmer im Studentenheim. Das ging aber gar nicht gut. Ich musste das Zimmer mit zwei Mitbewohnerinnen teilen. Nicht nur, dass meine mitgebrachten Lebensmittel dauernd von ihnen aufgegessen wurden. Eine Mitbewohnerin schlief bis nachts um 2.00 Uhr, liess dann den Wecker läuten und lernte mitten in der Nacht! Mit meinem Schlaf war es dann definitiv vorbei.

Meine Eltern suchten deshalb nach einer Alternative und ich durfte bald in eine 1-Zimmer-Wohnung in Bratislava einziehen. Das war für mich geradezu ideal. Ich hatte Ruhe beim Studium und genoss die Selbstständigkeit. Einige Spitäler, wo der Unterricht und das Praktikum stattfanden, konnte ich jetzt sogar gut zu Fuss erreichen. So machte das Medizinstudium richtig Spass!

Erst viel später wurde mir zugetragen, dass das Haus früher dem berühmten Eishockey-Mittelstürmer Vaclav Nedomansky gehörte! Er gewann für die CSSR zehn Olympia- und WM-Medaillen, bestritt 220 Länderspiele und schoss dabei 163 Tore. 1974 setzte er sich über die Schweiz nach Kanada ab.

Objektiv gesehen, verlief mein Unistudium absolut unspektakulär. Im Mittelpunkt stand für mich das Lernen. Für Hobbys, Freizeitaktivitäten, Partys oder Ausschweifungen war kein Platz! Zur Abwechslung, meistens vor einer Prüfung, erlaubte ich mir einen Kinobesuch oder eine Reise mit dem Nachtzug nach Prag. Ich erinnere mich noch gut, wie ich stundenlang vor dem Kinoeingang wartete, um mir zwei Tickets für den Film »Indiana Jones« zu sichern.

Mein ständiger Begleiter war aber die Musik. In erster Linie hörte ich Country- und Rockmusik, aber auch Klassik. Dazu natürlich die bekannten Schlager von Karel Gott – in tschechischer Sprache. Es waren aber noch viele andere, hervorragende

Sängerinnen und Sänger bei uns aktiv. Sie hatten jedoch nicht die Reisefreiheiten und Privilegien wie Karel Gott und waren deshalb im Westen praktisch unbekannt. So ist z. B. die damalige Rockband ELAN auch heute noch ab und zu mein musikalischer Begleiter.

Als Studentin hatte ich leider auch nicht das Geld, um ständig neue Schallplatten zu kaufen. Zum Glück gab es aber Radiorekorder und Musikkassetten. Damit konnte ich meine eigene »Hitparade« zusammenstellen! Es war ein grosser Spass: Im Radio-Wunschkonzert kamen über den Äther all die tollen Lieder zu mir, die ich gerne hörte. Ich sass am Gerät und war jederzeit startbereit, den Finger auf der »Record«-Taste. Manche dieser musikalischen Schätze überdauerten die Jahrzehnte und erfreuen mich noch heute! Der Radiorekorder von damals war übrigens ein Weihnachtsgeschenk meiner Eltern: Ein JVC mit silbernen Knöpfen! Ich erinnere mich noch gut daran. Ein sehr angenehmer »neuer« Geruch verbreitete sich unter dem Tannenbaum beim Auspacken des Gerätes. Es war für mich ein sehr eindrückliches Erlebnis! »Man soll sich an den kleinen Dingen des Lebens freuen«, sagt ein altes Sprichwort. Dazu gehört für mich die Musik. Auch heute noch bin ich sehr stark mit der Musik verbunden. Sie gehört zu meinen täglichen Vergnügen. Und erst ein Konzertbesuch! Das ist für mich ein wahrer Genuss und transformiert mich in höhere Sphären.

Eine weitere Freizeitbeschäftigung war für mich das Schwimmen. Dazu wurde ich praktisch mit 18 Jahren gezwungen. Warum? Ein Arzt muss Schwimmen können! Dieser Ansicht war man jedenfalls im damaligen System, um im

Notfall helfen zu können. Die Idee ist gar nicht so abwegig und so erlernte ich spät auch noch das Schwimmen. Sofort fand ich grossen Gefallen an der für mich neuen Sportart und trainierte jeden Tag. Offenbar war ich talentiert. Der stets lustige, ausserordentlich fachkundige Schwimmtrainer stoppte nämlich mehrmals meine 50-Meter-Zeiten und fragte mich dann als ich 19 war, ob ich Interesse hätte, an Wettkämpfen teilzunehmen.

Es gab dabei allerdings ein Problem: Ich hatte damals meterlanges, schwarzes Haar und das hätte ich wohl abschneiden müssen, denn das Föhnen dauerte jeweils fast eine Stunde. Von den Haaren trennen wollte ich mich aber unter keinen Umständen und deshalb lehnte ich das verlockende Angebot dankend ab. So habe ich eine eventuelle Sportkarriere als Schwimmerin verpasst. Schwimmen hält mich aber auch heute noch fit und ich bin vor allem im Sommer fast täglich im Pool.

Die Fächer an der Universität wurden immer interessanter und die Praxis in den Spitälern bereicherte die an und für sich trockene Materie. In diese Zeit fielen auch meine ersten »Lebensberatungen«. Wenn Kolleginnen oder Kollegen Probleme hatten, kamen sie zu mir. Ich genoss offenbar ihr volles Vertrauen. Oft war es eine Krise beruflicher oder privater Art. Manchmal riefen sie mich in der Nacht an, z.B. vor einer Prüfung, und wollten meinen Rat. Ich konnte schon damals gut zuhören und stellte dann eine Prognose an. Sie traf praktisch immer zu. Ich ahnte aber noch nicht, dass diese Beratungen sich später in Richtung einer halbberuflichen Tätigkeit entwickeln würden!

Während der langen Studienzeit ereigneten sich in meiner alten Heimat tiefgreifende politische Veränderungen und Umwälzungen. Ich war gerade an der Universität, als die samtene Revolution stattfand. Ein kurzer Rückblick:

Aus dem Zerfall der Monarchie Österreich-Ungarn entstand 1918 der neue Staat Tschechoslowakei. Er hatte bis 1939 Bestand. Nach den Wirren des Zweiten Weltkrieges wurde der Staat 1945 wiederbelebt, aber ohne die Ukraine. Die Tschechoslowakei wurde Teil des Ostblocks und Mitglied des Warschauer Pakts. Damit hielt die stalinistische Politik der UDSSR Einzug, denn die Tschechoslowakei war nun de facto ein Satellitenstaat der Sowjetunion!

1960 erfolgte die Umbenennung des Staates in CSSR und der kommunistische Führungsanspruch wurde festgeschrieben. In der Folge versuchten 1968 die Repräsentanten des »Prager Frühlings«, Alexander Dubcek und Ludvik Swoboda, dem Sozialismus ein menschliches Gesicht zu geben. Doch der Versuch scheiterte. In der Nacht zum 21. August marschierten die Truppen des Warschauer Pakts in Prag ein und walzten den Aufstand mit Panzern nieder.

Nach der Niederschlagung des Prager Frühlings herrschte Resignation und Hoffnungslosigkeit im Land. Sie erreichte ihren Höhepunkt, als sich Jan Palach am 16. Januar 1969 auf dem Wenzelsplatz in Prag selbst verbrannte.

Doch dann fiel plötzlich auch das kommunistische Machtgebäude zusammen und es zeichnete sich eine Trennung der CSSR ab. Als Studentin war ich auch gegen diese Macht und wehrte mich bei jeder Gelegenheit gegen das selbstgefällige, totalitäre Regime. Es ist zwar nicht meine Art, in der Öffentlichkeit zu demonstrieren oder mit einer Fahne herumzulaufen. Aber in meiner Erinnerung sehe ich mich zum Beispiel noch sehr gut an einem Novembertag im Jahre 1989 auf einem Platz in Bratislava. Es war ein kalter Tag und es schneite leicht. Tausende Demonstranten standen dicht nebeneinander auf dem grossen Platz. Wir demonstrierten aus Solidarität mit den Studenten in Prag, die einige Tage zuvor von der Polizei zusammengeschlagen worden waren, weil sie vom Sozialismus genug hatten. Sie sehnten sich nach Freiheit, Demokratie und Selbstbestimmung. Studenten hielten Reden und es erklang die alte slowakische Nationalhymne. Ich war gerührt und mir kamen dabei die Tränen. Auch Protestlieder des Prager Frühlings ertönten an diesem historisch denkwürdigen Abend.

Die Veranstaltung ging zum Glück friedlich aus. Das Demonstrationsrecht wurde von uns auch nicht missbraucht. Es kam niemandem in den Sinn zu randalieren, Fenster einzuschlagen, Autos zu beschädigen oder Steine zu werfen, wie das heute bei uns üblich ist. Wir wussten, wofür wir demonstrierten und mussten uns deshalb auch nicht vermummen. Und wir standen zu unserer Meinung und zu unseren Idealen – ohne Wenn und Aber!

Es folgten dann ununterbrochene Massenproteste im ganzen Land. Schliesslich gab die kommunistische Partei ihren Führungsanspruch auf und die Regierung trat zurück. Das war am 29. November 1989. Die neue Situation führte letztlich am 1. Januar 1993 zur Gründung des neuen Staates Slowakei, heute Mitglied der EU und der NATO.

Die Situation an der Comenius-Universität hatte sich durch diese Ereignisse und durch die Gründung des neuen

Staates auch grundlegend geändert. Alle mächtigen Kommunisten, die Chefs, waren an der Universität ihre Posten los und das Studium machte ohne sie noch viel mehr Spass! Plötzlich war es auch nicht mehr wichtig, ob die Eltern der Partei angehörten oder nicht. Oder ob man selber politisch aktiv war oder nicht. Es zählte an der Universität nur noch die Leistung: Wissen und Können! Auch das zwischenmenschliche Klima, die Arbeitsbedingungen hatten sich positiv verändert. Wir mussten zwar weiterhin hart arbeiten, aber wir genossen die neue Freiheit.

Es gab allerdings auch Schattenseiten. Alles in der schönen Stadt Bratislava verkam. Die Blumen in den öffentlichen Parks wurden nicht mehr gegossen mehr und gingen zugrunde. Die Strassen wurden nicht mehr instand gehalten, die Fassaden der historischen Gebäude blätterten ab. Plötzlich wurde viel gestohlen, was zuvor nur selten der Fall gewesen war. Der Staat war nicht mehr präsent und niemand hatte ein Interesse daran, etwas für die Öffentlichkeit zu tun, denn »Das bringt ja nichts!« Jeder sah nun die grosse Möglichkeit, schnell viel Geld zu verdienen. Es vergingen Jahre, bis die Stadt wieder zu neuem Glanz zurückfand.

Nicht alle Menschen kamen mit der politischen Systemwende zurecht. Wie überall bei einer derart grundlegenden Veränderung gab es Gewinner und Verlierer. Es war für die Bürger eine grosse Umstellung notwendig, – auch im Denken. Plötzlich war kein Staat mehr da, der für die Menschen alles regelte. Jeder musste selber aktiv werden und sehen, wie er über die Runden kam. Das führte bei vielen zu einer Desorientierung.

Die Generation der 40- bis 50-Jährigen traf es dabei besonders hart. Die Älteren hingegen hatten schon einiges erlebt und waren deshalb vieles gewöhnt. Und die Jüngeren mussten sich einfach anpassen. So war auch der Zeitpunkt des Geschehens für die Menschen ein ganz wesentlicher Faktor: Für viele kam die Freiheit zu spät und für andere die Selbstbestimmung zu früh!

Es war die Zeit des Umbruchs und alles war im Wandel. Es gab menschliche und familiäre Tragödien. Viele wurden mit den grundlegenden Änderungen im Land nicht fertig. Auch das war der Preis der Freiheit! Ich konnte den demokratischen Prozess im neuen Staat sehr gut verfolgen, denn ich besuche die Slowakei auch heute noch regelmässig. Ab und zu bin ich aber auch in anderen Ländern des ehemaligen Ostblocks unterwegs und ich stellte dort mehrmals in persönlichen Gesprächen die Frage:»Was verstehen Sie unter Demokratie?« Ich erhielt dabei erstaunliche Antworten. Mehrere sagten mir darauf:»Demokratie heisst für mich: Jeder kann machen, was er will!«

Die Antwort hat mich zuerst schockiert, dann aber sehr nachdenklich gemacht. Konnte tatsächlich etwas Wahres daran sein? Dann dachte ich:»Ja, das ist die Erklärung für die plötzlich auftauchenden Überfälle und Diebstähle, für die Drogenprobleme, die verspayten Hauswände und den Vandalismus in Bus und Tram!« Also die Folgen eines verfehlten Verständnisses von Demokratie.

»Jeder kann machen was er will!« Das galt für viele Personen, aber offenbar auch im geschäftlichen Bereich. Und ich dachte dabei an die unterschiedliche, wirtschaftliche Entwicklung der einzelnen Länder im Osten nach dem Umbruch. Zum Beispiel an das zusammengebrochene kommunistische Sowjetsystem, das heutige Russland. Trotz Wirtschafts- und Finanzkrise gibt es dort heute 131 Milliardäre, 78 davon allein in Moskau. Der jüngste Milliardär ist gerade einmal 28 Jahre alt. Zusätzlich leben viele russische Milliardäre im Ausland. Sie zusammen repräsentieren ein Gesamtvermögen von 450 Milliarden Dollar. Dazu kommen noch 136 000 Millionäre in Russland sowie Hunderte im Ausland. Und die Zahl der superreichen Russen wächst rasant weiter.

Eines ist mir heute klar: Demokratie kann man nicht kaufen oder jemandem aufzwingen. Wenn der Mensch deren »Substanz« oder inneren Wert nicht begriffen hat oder zur Demokratie nicht fähig ist, hat alles keinen Sinn. Trotzdem wird vom Westen immer wieder irgendwo auf der Welt versucht, einem Staat die Demokratie aufzuzwingen. Schon der Versuch muss scheitern! Demokratie ist ein sensibles Pflänzchen. Für die Demokratiefähigkeit eines Landes ist ein vorausgehender, innerer Reifeprozess notwendig, den man kaum von aussen beschleunigen kann. Vergessen wir nicht: Auch westliche Länder brauchten Jahrhunderte und viele Kriege, bis sich die Demokratie durchsetzte und endlich funktionierte!

Es bleibt noch die Frage: Warum ging eigentlich das sozialistisch-kommunistische System unter? Wer wie ich Jahrzehnte in einem solchen Land leben und die Diktatur des Regimes ertragen musste, hat kein grosses Interesse mehr, sich mit dem Kommunismus oder den Ideologien von Marx und Lenin näher zu beschäftigen. Man hat einfach von allem genug.

Doch ab und zu werde ich auf die Vorkommnisse der damaligen Zeit angesprochen und deshalb hierzu eine ganz kurze Replik.

Zum besseren Verständnis: Der Staat CSSR, also das »System«, war sozialistisch wie alle anderen Ostblockstaaten. Die Regierung und die Partei hingegen kommunistisch. Sie standen unter dem Diktat der Sowjetunion, wurden also von Moskau gesteuert. Der Sozialismus galt als Vorstufe zum Kommunismus. Das Ziel bestand darin, alle Völker in das kommunistische Paradies zu bringen, unter Führung der kommunistischen Partei als Vordenker!

So hat man es uns in der Schule immer wieder gelehrt. Und wie sah dieses »Paradies« aus? Das Geld wird langfristig abgeschafft, alle Menschen sollen gleichviel besitzen. Alle Bürger arbeiten für die Gemeinschaft, für das System und jeder nimmt sich davon, was er zum Leben braucht. Eigentlich eine wunderbare Sache – oder doch nicht? Die Idee ist theoretisch beeindruckend, aber leider nicht realistisch und in der Praxis nicht durchführbar. Das Problem ist wie immer der Mensch selbst. Nicht alle sind auf der gleichen Entwicklungsstufe! Einige arbeiteten fleissig und waren mit den Gegebenheiten zufrieden. Andere wollten nur vom System profitieren, leisteten keinen Beitrag zur Gemeinschaft und nahmen oder stahlen sich mehr, als ihnen zustand.

Die regierenden Kommunisten waren noch schlimmer. Sie wollten immer mehr als die anderen. Sie trugen öffentlich Frieden, Demokratie und das Wohl des Volkes auf den Lippen, dachten dabei aber nur an ihr eigenes Wohl und an ihre Privilegien. Sie nutzten die Möglichkeiten des Systems rücksichtslos aus, bedienten sich und füllten ihre eigenen Taschen. So wie es die Parteibonzen und Mächtigen in allen kommunistisch geführten Ländern des Ostblocks schon immer gemacht haben!

Es war deshalb nicht in erster Linie die fehlende Reisefreiheit, die letztlich zum Zusammenbruch des ganzen Systems führte, sondern vor allem das fehlende Geld! Durch Planwirtschaft und Misswirtschaft war die wirtschaftliche Produktionsleistung des Landes praktisch bei null angelangt. Zuletzt war ganz einfach kein Geld mehr da, weil kaum jemand mehr ein Interesse hatte zu arbeiten.

Die Arbeitsmoral und die Motivation der Menschen waren im Keller. Sie sahen ja, wie das System skrupellos ausgenutzt und missbraucht wurde. Wer noch mit Engagement arbeitete, wurde enttäuscht und fühlte sich betrogen. Sagen wir es so: Die ehrlichen und fleissigen Menschen kamen sich dumm vor, da überall gelogen, gestohlen und geschwänzt wurde. »Warum sollte ich mich noch anstrengen, wenn so oder so alles zu nichts führt?« Ob jemand tatsächlich arbeitete oder sich vor der Arbeit drückte: Jeder erhielt den gleichen Lohn. Wo ist da noch die Motivation?

Die höchste Auszeichnung, die einem Arbeiter zuteil werden konnte, war das Abzeichen »Held der sozialistischen Arbeit« in Bronze, Silber oder Gold. Der Stellenwert einer solchen Ehrung war in der Öffentlichkeit aber gering. Bei der Verleihung wurden viele Hände geschüttelt und man klopfte sich gegenseitig auf die Schultern. Das war alles! Die allgemeine Misere im Land konnte auch ein goldenes Ehrenabzeichen nicht mehr aus der Welt schaffen!

Perspektivlosigkeit machte sich breit. Die Menschen sahen keine Zukunft mehr. Die Partei diktierte das Leben und Selbstbestimmung war ein Fremdwort. Es fehlte der »Geist der Innovation«, es fehlte eine Erneuerung, es fehlten realistische Visionen und vor allem: die Hoffnung auf ein besseres Leben! Auch wenn einige Ideen und Ansätze nicht ganz falsch waren, ist ein derartiges System letztlich zum Tode verurteilt. Viel zu lange wehrte man sich in Moskau, Reformen zuzulassen. Bis es für alle zu spät war.

Das gesunde menschliche Streben nach Neuem, die Entdeckermentalität, aufkommender Unternehmergeist und der Wille, aus seinem Leben mehr zu machen, als später nur eine bescheidene Rente vom Staat zu beziehen, haben sich durchgesetzt. Sie läuteten den Untergang des totalitären, sozialistischen Regimes ein!

Oft staune ich, wie die grandios gescheiterte, sozialistisch-kommunistische Idee von damals hier in der Schweiz und in anderen Ländern Europas wieder aufgewärmt wird. Manchmal gehen die Ideen sogar noch weiter als im damaligen Ostblock. Und viele Menschen bemerken diesen Trend gar nicht! Offenbar muss ein grosser Teil der Menschen erst eigene Erfahrungen machen, denn die drastischen Lehren der Vergangenheit lassen sie unbeeindruckt. So verhält es sich oft mit Ideologien: Viele verfallen ihnen immer wieder aufs Neue!

Für mich brachten die politischen Veränderungen in meinem Land nun auch plötzlich die Möglichkeit zu reisen – ins westliche Ausland. Meine Eltern kannten einen Ingenieur aus Prag, der noch in den Zeiten des Sozialismus erst nach Kanada ausgewandert war und sich dann in den USA niedergelassen hatte. Es war dieser Mann, der es mir ermöglichte, die USA – mit einem Abstecher nach Kanada – etwas kennenzulernen. Er lud seine Nichte aus Prag und mich nach Florida ein. Doch dazu brauchte ich zuerst ein Visum. Ich reiste nach Prag und stellte in den Botschaften der USA und Kanada einen entsprechenden Antrag. Die Botschaften lagen in einem prächtigen Villenquartier über der Moldau, mit herrlicher Aussicht auf Prag. Schon nach kurzer Zeit hielt ich die gewünschten Papiere in der Hand. Da es sich um eine dreimonatige Reise handelte, musste ich an der Universität auch mit meinen Prüfungen früher fertig werden. Doch schlussendlich klappte alles perfekt.

Ich sprach allerdings noch kein einziges Wort Englisch. Deshalb kaufte ich mir ein geeignetes Lehrbuch: »Englisch für Autodidakten!« So für die Reise vorbereitet, starteten wir von Prag aus mit der Fluggesellschaft CSA nach Frankfurt a. M. Anschliessend ging es mit der Pan Am nach New York und von dort aus mit dem Auto nach Miami Beach, wo unser Bekannter wohnte.

Das Erste, was mir in Amerika auffiel, waren der Reichtum und die Vielfalt der Autos. Nicht nur zwei oder drei Ausführungen wie bei uns damals in der CSSR, sondern viele verschiedene Marken, Typen und Farben.

In Miami freute ich mich jeden Tag über die endlosen Strände, die Sonne und das Meer. Zu Mittag kochte ich für uns alle etwas Schmackhaftes und gegen Abend praktizierte ich meine Englischkenntnisse bei »Strandgesprächen«. Wenn mein Wortschatz an seine Grenzen kam, halfen die Hände weiter. Es waren für mich ganz neue, herrliche Erfahrungen! Beeindruckt hat mich auch eine Autoreise von Miami nach Toronto und Ottawa. Wir bereisten dabei mehrere Staaten und machten einen Abstecher zu den Niagara-Fällen. Ich bewunderte die unendliche Weite des Landes, seine Menschenleere, die brachliegenden riesigen Flächen und die endlosen Wälder.

Noch zweimal durfte ich einer Einladung in die USA folgen. Einmal mit meinem Vater und einmal mit Mutter. Ich möchte hier aber nicht mit Reiseschilderungen langweilen, sondern nur kurz zusammenfassen, was mich damals an den USA faszinierte, nachdem ich insgesamt etwas mehr als ein halbes Jahr dort verbracht hatte.

Als Ostblock-Touristin muss ich sagen: Ich war fasziniert von diesem Land! Allein schon die Tatsache, dass jeder US-Bürger das Recht auf Waffenbesitz und Selbstverteidigung hat, machte mich sprachlos. Insbesondere wenn ich dies mit meinem damaligen Heimatland, der CSSR, verglich!

Die USA sind für mich auch heute noch das Land der unbegrenzten Möglichkeiten. Wenn jemand ein Ziel hat und den Willen, etwas zu erreichen, dann ist er in den USA am richtigen Ort! Er muss aber bereit sein, für den Erfolg wirklich hart zu arbeiten! Persönliche Freiheit und Unabhängigkeit werden überall gross geschrieben. Diese Werte kommen ihm bei der Verwirklichung seiner Träume entgegen. Sie sind ein wichtiger Erfolgsfaktor für das Land und bereits in der Unabhängigkeitserklärung der USA von 1776 festgeschrieben: »Life, Liberty and the Pursuit of Happiness«, das Recht auf Leben und Freiheit sowie das Streben nach persönlichem Glück! Diese

Werte werden überall in der Welt angestrebt und machen die USA für sehr viele Menschen immer noch zum »Traumland Nummer eins!« Auch mich hat das tief beeindruckt.

Ich habe auch keine Angst um Amerika. Sein Untergang wird immer wieder prophezeit, seit seiner Gründung. Aber Totgesagte leben länger! Ich bin absolut überzeugt: Das riesige Land USA, die grösste Wirtschaftsmacht der Welt, wird mit seinen unvorstellbaren Ressourcen und mit der positiven, fast grenzenlos optimistischen Grundeinstellung der meisten Menschen auch die Finanz- und Wirtschaftskrise überwinden. Hinzu kommt noch die unglaubliche Innovationsfreudigkeit und Risikobereitschaft der Amerikaner.

Mich haben auch schon damals in der CSSR die Sport-übertragungen fasziniert. Eine amerikanische Siegerehrung heisst: »Hand aufs Herz«, Flagge hochziehen und die Natio-nalhymne mitsingen. Das Beeindruckende dabei: Fast jeder kennt die amerikanische Nationalhymne. Und die Sportler sind stolz darauf, für ihr Land starten zu dürfen. Sie siegen nicht nur für sich selbst, sondern auch für ihr Land! Über-haupt die Flagge, das Sternenbanner: Sie ist überall an öffent-lichen Gebäuden, Büros, Firmen und bei fast jeder Veranstal-tung in den USA präsent. Keine Rede des Präsidenten ohne US-Flagge im Hintergrund! Diese nationalen Symbole haben eine gewaltige Kraft: Sie signalisieren Selbstbewusstsein, Tra-dition, Gemeinsamkeit und Zusammengehörigkeit!

Daraus ergibt sich in den USA ein ganz erstaunliches Phänomen: die Einigkeit! Wenn es um die Interessen oder die Sicherheit des Landes geht, hält die Bevölkerung hun-dertprozentig zusammen. Alle ziehen gemeinsam am gleichen Strang, auch politisch – Demokraten und Republikaner. Es ist faszinierend, wie die Menschen zusammenstehen, Gemeinsamkeit und Zusammengehörigkeit demonstrieren. Gerade auch bei Katastrophen. Der 11. September 2001 war ein Beispiel dafür.

Warum ich das hier erzähle? Weil das etwas ist, was ich hier in der Schweiz stark vermisse. Jeder verfolgt seine eigenen, meist materiellen Ziele. Man geht auch in der Politik kaum aufeinander zu und hat zu wenig die gemeinsamen Interessen unseres Landes vor Augen! Das gilt auch für die verschiedenen Regionen: Das Gemeinsame sollte als höchstes Ziel für uns immer im Mittelpunkt stehen!

Man kann durchaus patriotisch sein, die Gefühle seines eigenen Landes zeigen und trotzdem mit anderen Staaten gut zusammenarbeiten. Die USA sind ein Paradebeispiel dafür. Doch bei uns fehlen Selbstbewusstsein, Patriotismus und Stolz auf das eigene Land fast gänzlich. Natürlich kann man ohne Fahne im Büro arbeiten und Geld verdienen. Aber jede Arbeit, die verrichtet wird, verrichten wir letztlich auch für unsere Mitbürgerinnen und Mitbürger. Und so machen wir unsere Arbeit nicht nur für uns selbst, sondern für das ganze Land!

Niemand kann ein engagierter Bürger sein, wenn er das eigene Land nicht schätzt und sich ihm nicht zugehörig fühlt. So wie man auch kein gutes Mitglied einer Gemeinde werden kann, wenn man die eigene Familie nicht schätzt. Die Liebe ist der Boden, der Grund und der Fels, worauf Taten erwachsen. Und andere Menschen können an diesen Taten teilhaben.

Auch die vielen kleinen persönlichen Freiheiten beeindruckten mich in Amerika immer wieder. Es wurde uns nicht gesagt, was wir zu tun oder zu lassen haben, was wir essen oder trinken sollen. Politiker in Europa versuchen hingegen immer mehr, unter dem Deckmantel der Prävention und Gesundheitsförderung, den Menschen ihre persönliche Entscheidungsfreiheit zu nehmen. Ob es sich dabei um Essgewohnheiten, Impfen, Rauchen oder Ähnliches handelt. Der Staat, beziehungsweise die EU mischen sich bei uns in fast sämtliche Bereiche ein, wollen alles regulieren und kontrollieren. Der Verwaltungsapparat in Brüssel erlässt dauernd neue Vorschriften, Gesetze und Richtlinien. Am liebsten würde man allen Menschen genau vorschreiben, was sie von morgens bis abends zu tun haben. Und die Schweiz macht mit der Mentalität eines Musterschülers willig alles mit, obwohl wir gar nicht Mitglied der EU sind!

Heute sehe ich die Sache betreffend USA etwas differenzierter und unterscheide zwischen der Bevölkerung und der Regierung. Was ich über die USA, über Land und Leute und meine damaligen Eindrücke sagte, würde ich immer noch unterschreiben. Hingegen mischt sich die Regierung praktisch weltweit in jeden Konflikt ein und spielt – zusammen mit der UNO, der NATO und leider teilweise auch mit der EU – den »Weltpolizisten«. Das kommt nicht überall gut an! Und das Land zieht damit auch den Zorn von Terrororganisationen auf sich. Von den USA werden Kriege geführt wie im Irak oder in Afghanistan, die grosses Elend schaffen und Flüchtlingsströme auslösen. Durch solche Interventionen in fremde Staaten entstehen in den betreffenden Ländern neue politische Strukturen. Diese neuen

Strukturen haben aber mit Demokratie meistens nichts oder nur sehr wenig zu tun. Ich denke z. B. an nordafrikanische Länder wie Libyen, Tunesien oder Ägypten. Sie sind in unserer aussenpolitischen Kommission auch ab und zu ein Thema. Trotzdem wird weiter versucht, in Syrien oder anderswo den »Demokratisierungszwang« weiterzuführen.

Und was haben der Menschheit die Kriege in Afghanistan und im Irak gebracht? Der Mensch lernt aus der Vergangenheit leider nichts. Er glaubt noch immer, Probleme wären allein durch Krieg und mit Gewalt zu lösen!

Ein anderes Problem, das uns allen ernsthafte Sorgen macht, ist die unglaubliche Staatsverschuldung der USA. Und unter ihrem heutigen, ausgabefreudigen Präsidenten Barack Obama hat sich diese fast verdoppelt!

Nach sechs langen Studienjahren an der Universität sehnte ich mich nach dem Abschluss. 1992/93 war es dann soweit. Als erstes Fach im Staatsexamen stand Pädiatrie (Kindermedizin) an. Im praktischen Teil erhielten wir im Kinderspital von Bratislava einen kleinen Patienten zugeteilt mit der Aufgabe, für ihn eine Differenzialdiagnose und eine Therapie zu erstellen. Zusätzlich mussten die Gesundheitsstörung allgemein, das Krankheitsbild, Diagnose und Therapie vor dem leitenden Arzt und seinen Kollegen erläutert werden, verbunden mit einer Prognose über die weitere Entwicklung der Krankheit. Das Prüfungsgremium stellte uns natürlich auch immer wieder sachliche Fragen.

Bei meinem »Prüfungskind« handelte es sich um einen Patienten mit der Krankheit Morbus Crohn. Ich musste nun für das Prüfungsgremium eine Arbeit erstellen und wählte dafür den Titel »Morbus Crohn im Kindesalter«. Zum Glück hatte ich im Laufe meines Studiums schon einige Erfahrungen mit Fallpräsentationen und schriftlichen Arbeiten gesammelt. Deshalb fiel mir die Arbeit nicht so schwer. Es war aber notwendig, sich im Krankenhaus noch mit der Lebensgeschichte des Patienten auseinanderzusetzen, dann zur Sicherheit noch die zuständige Fachliteratur in der Bibliothek zu konsultieren und notwendige Recherchen anzustellen. Eine insgesamt sehr praxisbezogene Arbeit und damit eine gute Vorbereitung für die Tätigkeit eines Arztes. Ich erhielt übrigens dafür die Note »ausgezeichnet«. Im Jahr darauf fanden die weiteren Staatsexamen statt in Chirurgie (Note »sehr gut«), Gynäkologie / Geburtshilfe und Innere Medizin, beide mit der Note »ausgezeichnet«.

Nachträglich bin ich allen damaligen Dozenten dankbar für ihre Arbeit, die sie damals für uns Studenten leisteten. Sie haben uns nicht nur hervorragendes fachliches Wissen vermittelt, sondern uns auch auf das Leben als Arzt gut vorbereitet, indem sie uns Werte vermittelten, die ich hier im Westen oft vermisse: Verständnis und einen einfühlsamen Umgang mit Menschen. Aber auch eine gewisse Offenheit für neue, alternative Heilverfahren.

Die Comenius-Universität in Bratislava ist die grösste und älteste Universität des Landes. Sie gilt als Nachfolgerin der Universitas Istropolina, gegründet 1465. Namensgeber der Universität ist Johann Comenius, ein ehemaliger Philosoph, Pädagoge, Theologe und Bischof.

Anfang Juni 1993 fand in der Aula der Universität die Promotionsfeier in Medizin statt. Es war die erste im neuen Staat

Slowakei. Für die stimmungsvolle Feier der neuen Ärzte wurde die Aula der altehrwürdigen Universität festlich hergerichtet. Mehrere Hundert Personen strömten zur Feier in den Saal, darunter auch alle meine Familienangehörigen und mein damaliger Freund und heutiger Ehemann Richard. Die Professoren waren festlich gekleidet und mit ihren zahlreichen Insignien ausgestattet. Es herrschte eine tolle Stimmung! Ich war während der Zeremonie ein wenig aufgeregt und man sah mir die Strapazen der vergangenen Prüfungen an. Doch ich erinnere mich noch gut, wie ich den »Stab des Hippokrates« ergriff und den Eid ablegte. Im Anschluss daran erfolgte die Überreichung der Promotionsurkunde in lateinischer Sprache. Auch die Verleihung des Doktorgrades wurde in der lateinischen Form vorgenommen: Medicinae Universae Doctor/Mudr. (Doktor der Medizin). Als würdiger Abschluss folgte in Bratislava eine familiäre Feier mit etlichen kulinarischen Höhepunkten. Die neuen Ärzte gingen nach dieser Abschlussfeier in alle Himmelsrichtungen, vergessen wird sie aber bestimmt keiner!

Noch ein Wort zum Eid des Hippokrates. Der Eid ist nach dem gleichnamigen griechischen Arzt (460–370 v. Chr.) benannt und formulierte zum ersten Mal ethische Grundsätze für die Medizin. So die Schweigepflicht, das Verbot sexueller Handlungen mit Patienten, Sterbehilfe oder Schwangerschaftsabbruch. All dies wird durch den Eid ausdrücklich untersagt. 1804 wurde in Montpellier der Eid des Hippokrates für die Absolventen der Medizin erstmals wörtlich und in seiner ganzen Länge eingeführt. Seit dem 20. Jahrhundert gehört er zur Promotion vieler Hochschulen, besonders in den USA. Allgemein gilt aber der Eid in seinem Wortlaut als etwas veraltet. Doch neuere, angepasste Versionen konnten sich bis heute nicht durchsetzen. Der Eid des Hippokrates enthält jedoch immer noch wichtige, bis heute gültige Grundsätze in der Medizin. So schreibt Prof. Dr. med. Friedrich Wilhelm Eigler über den hippokratischen Eid sowie zum Thema Sterbehilfe (Euthanasie) und Abtreibung im »Deutschen Ärzteblatt«: »Auch wenn man in Deutschland infolge der Verbrechen des Nazi-Regimes noch hellhörig ist, sollte die Ärzteschaft dennoch in einer Selbstverpflichtung klarstellen, dass Töten niemals zu den ärztlichen Aufgaben zählen darf!«

Bei uns hier in der Schweiz wird der Eid des Hippokrates schon seit längerer Zeit nicht mehr geleistet. Da hier die Sterbehilfe erlaubt ist und besonders der Schwangerschaftsabbruch zum ärztlichen Alltag gehört, wollte man damit offenbar im Voraus das ärztliche Gewissen entlasten.

Für mich bleibt der geleistete hippokratische Eid jedoch verbindlich und ich halte mich daran. Zudem konnte ich im Rahmen meiner praktischen Ausbildung in Gynäkologie und Geburtshilfe Schwangerschaftsabbrüche hautnah miterleben. Es waren für mich schockierende Erlebnisse. Bei einer Abtreibung handelt es sich nämlich nicht um die »Entsorgung« eines unerwünschten Zellklumpens. Laut der Fristenlösung ist in der Schweiz eine Abtreibung bis zur zwölften Woche legal. Es ist aber bereits ein kleiner Mensch, der in der zwölften Schwangerschaftswoche eine hohle Hand ausfüllt! Und der Körper einer Frau hat schon eine ganze Reihe von Prozessen gestartet, um den kleinen Däumling zu einem Baby heranwachsen zu lassen. Schlagartig wurde mir klar, warum kaum eine Frau das Trauma einer Abtreibung ohne Folgen übersteht. Auch wenn sich dies manchmal erst zehn oder sogar zwanzig Jahre später bemerkbar macht. Der Zufall wollte es, dass ich im gleichen Spital meine Vorbereitung auf das Staatsexamen machen durfte, in dem ich selbst zur Welt kam. Aber was für eine Diskrepanz für mich: Während in den oberen Stockwerken das Leben zur Welt gebracht wurde, kam unten, in der düsteren Abtreibungsabteilung, der Tod vorbei. Diese Erlebnisse haben mich geprägt und seither setze ich mich als Ärztin und Politikerin für das ungeborene Leben ein.

Die Schweiz – meine neue Heimat

Es war im Sommer 1993, als ich in die Schweiz kam. Es herrschte Ferienzeit und ich konnte zusammen mit meinem heutigen Mann dieses schöne Land bereisen und kennenlernen. Wochenlang waren wir unterwegs: Tessin, Graubünden, die Westschweiz – alles war für mich neu! Ich erinnere mich noch sehr gut, als ich zum ersten Mal die Stadt Luzern erblickte, hoch oben von der Terrasse des »Chateau Gütsch«. Der Anblick hat mich fast überwältigt: eine Stadt, eingebettet zwischen Bergen, am See gelegen, mit einem historischen Kern, der Altstadt, mit mittelalterlichen Brücken und einer alten Stadtmauer. Dazu viel Grün. Mir fehlten die Worte. »Wie schön wäre es, hier zu wohnen«, dachte ich mir. Der Wunsch ging in Erfüllung. Wir fanden am Sonnenberg in Kriens einen geeigneten Platz und beschlossen, hier definitiv unsere Zelte aufzuschlagen. Am gleichen Abend besuchten wir gemeinsam die Luzerner Fasnacht. So etwas hatte ich auch noch nie gesehen: Eindrückliche Masken, tolle Musik und überall in der Stadt war etwas los!

Es wurde mir langsam bewusst, was für ein Glück ich erleben durfte. Ich kann mit meinem Partner in einer herrlichen Umgebung wohnen, umgeben von Schönheiten der Natur. Der Vierwaldstättersee, Rigi und Pilatus sind ganz in meiner Nähe und trotzdem bin ich mitten im gesellschaftlichen Leben von Luzern. Und Kriens wurde schnell meine neue Heimat, mein Zuhause! Natürlich musste ich mit dem Umzug in die Schweiz mein ganzes Leben umkrempeln. Meine Familie und mein Geburtsland musste ich zurücklassen, ebenso meine Freunde. Ich musste eine fremde Sprache erlernen und mit den verschiedenen Dialekten zurechtkommen. Ein anderes Land – eine andere Mentalität – ein anderes Leben. Aber wo ein Wille, ist auch ein Weg!

Ein Punkt ist mir schon am ersten Tag aufgefallen: Die Menschen hier gehen ganz anders miteinander um. Männer und Frauen sprechen z. B. in einer Gruppe häufig nicht miteinander, wie ich das gewöhnt war, sondern eher mit dem eigenen Geschlecht. Männer sprechen mit Männern und Frauen mit Frauen. Ich sehe dieses Phänomen oft auch heute noch bei politischen Veranstaltungen oder gesellschaftlichen Anlässen: Die Männer sind sofort unter sich und bilden Gruppen. Den Frauen bleibt nichts anderes übrig, als dasselbe zu tun.

Doch ich gewöhnte mich schnell an die andere Mentalität und an alles Neue. Ich habe den Umzug auch nie bereut! Das kann ich heute, nach 20 Jahren Aufenthalt in der Schweiz, als Bilanz sagen. Ich war überrascht, wie offen und freundlich die Menschen zu mir waren. Ob im Dorf, in der Stadt oder bei amtlichen Stellen. Das war mir ganz neu! Auch die über-aus korrekte, genaue Art und die Pünktlichkeit in diesem Land haben mich beeindruckt. Alles hatte seine Ordnung, seinen Platz. Jeder Mensch, ob Einheimischer oder Fremder, wurde mit Respekt behandelt. Ich durfte diesbezüglich Beeindruckendes erfahren und war davon oft überwältigt.

Für diese Güter muss man Sorge tragen, war mein Gedanke. »Wäre es nicht angebracht, dass ich mich bedanke, indem ich mich für dieses einzigartige Land einsetze?«, fragte ich mich. Meine Eltern gaben mir den Grundsatz auf den Weg: »Wiege dich nicht in Zufriedenheit, wenn es dir gut geht. Gib der Gesellschaft etwas zurück und lass sie daran teilhaben!« Das war der Satz, der mich bewogen hat, nach meiner Einbürgerung politisch tätig zu werden und die Menschen hier in der Schweiz auf ihre Stärken aufmerksam zu machen.

Mein bevorzugtes Wanderziel und ein Ort der Kraft: Engstlenalp

Mein Leben als Ärztin

Ich erkannte bald, dass hier in der Schweiz und in Deutschland Homöopathie, Akupunktur usw., also die Naturmedizin allgemein, einen viel höheren Stellenwert haben als in der CSSR. Die Homöopathie war mir zwar nicht unbekannt. Aber sie hatte bei uns keine grosse Verbreitung und im Sozialismus auch keine Tradition. Dementsprechend gab es damals bei uns praktisch keine Ausbildungs- oder Weiterbildungsmöglichkeiten. Ich war ausgebildet in klassischer Schulmedizin und hier in der Schweiz lernte ich nun diese spezielle, medizinische Richtung näher kennen: Homöopathie – die sanfte Medizin. Und sie hat mich sofort fasziniert!

Wie schon erwähnt, war es immer mein Ziel, anderen Menschen zu helfen, wenn möglich auf eine sanfte und schonende Art. Homöopathie war deshalb für mich genau das, was ich suchte. Zunächst kaufte ich mir entsprechende Fachliteratur und vertiefte mich darin. Dann erkundigte ich mich nach Ausbildungsmöglichkeiten und meldete mich beim »Schweizerischen Verein homöopathischer Ärzte« (SVHA) für eine Ausbildung in klassischer Homöopathie an. »Wenn ich die Homöopathie mit meiner medizinischen Ausbildung verbinden kann«, sagte ich mir, »ist das für mich der Idealfall!«

Und so kam es. Ich absolvierte zuerst eine »Grundausbildung in klassischer Homöopathie«. Anschliessend trat ich der »Schweizerischen Ärztegesellschaft für Homöopathie« (SHAP) bei, deren Mitglied ich auch heute noch bin. In der Folge besuchte ich über mehrere Jahre die Weiterbildungskurse von SVHA und SHAP in Luzern und Basel. Die Teilnahme an den

Kursen war ausschliesslich Ärzten und medizinischem Fachpersonal vorbehalten. Da ich die theoretischen Grundlagen der Homöopathie nun bereits kannte, wurde ich relativ schnell mit der neuen Materie vertraut.

Über die Wirksamkeit der Homöopathie möchte ich mich hier nicht näher äussern. Das wäre genügend Stoff für ein neues Buch! Die fehlende wissenschaftliche Erklärung ist jedenfalls kein Argument gegen die Homöopathie. Auch die Schulmedizin ist keine exakte Wissenschaft, sondern eine »Erfahrungswissenschaft«. Jeder Mensch ist anders und in seiner Art einmalig: Was dem einen hilft, kann beim anderen wirkungslos sein. Und letztlich gilt einzig und allein: Wer heilt, hat recht!

Die Debatten über die Wirksamkeit der Homöopathie werden leider auch sehr emotional und polemisch geführt. Immer wird versucht, die Homöopathie und die Schulmedizin gegeneinander auszuspielen. Das ist grundlegend falsch. Homöopathie ersetzt nicht die Schulmedizin! Im Gegenteil: Wir brauchen immer Ärzte mit einer klassischen schulmedizinischen Grundausbildung. Aber die Homöopathie ist eine ideale Ergänzung dazu und in einigen Bereichen der Schulmedizin vermutlich überlegen. Dass die günstige und wirksame Heilmethode nicht allen gefällt, liegt auf der Hand. In meiner Praxis habe ich jedoch viele, auch chronische Krankheiten behandelt und war oft über die Wirkung der kleinen Kügelchen mehr als erstaunt.

Ein verbreitetes Vorurteil über die sanfte Heilmethode möchte ich aber doch noch erwähnen: »Nur wer an die Wirkung der Homöopathie glaubt, wird geheilt!« Also alles Suggestion oder »Placebo-Effekt«? Gegenfrage: Haben Sie schon einen Tierarzt gesehen, der versucht, eine Kuh von der Wirksamkeit eines homöopathischen Mittels zu überzeugen? Wohl kaum. Trotzdem hat die Homöopathie auch in der Tiermedizin zum Teil spektakuläre Erfolge!

Nach wie vor nahm ich natürlich auch viele Weiterbildungsmöglichkeiten der Schweizerischen Ärztegesellschaft FMH wahr, um auf dem neuesten Stand der Schulmedizin zu sein. So über Herz-Kreislauf-Erkankungen, Pädiatrie, Allergologie, Allgemeinmedizin, Komplementärmedizin, Pharmakologie, Notfallmedizin für Ärzte (REGA) usw. Zusätzlich besuchte ich Kongresse und Veranstaltungen, um meine fachlichen Kenntnisse zu erweitern. Doch die Begeisterung für die Naturmedizin hatte mich voll im Griff. Ich nahm deshalb noch weitere Fortbildungsangebote im In- und Ausland wahr, so besonders über Spagyrik, Phytotherapie und antroposophische Medizin.

Irgendwann fasste ich den Entschluss, mich selbstständig zu machen und eine eigene Praxis zu eröffnen. Das geschah 1995. Ich erhielt die Praxisbewilligung des Kantons Luzern und konnte mit meiner medizinischen Tätigkeit beginnen. Nach dem langen Studium, der Aus- und Weiterbildung begann für mich damit ein neuer Lebensabschnitt. Ich eröffnete meine »Praxis für klassische Homöopathie und Naturmedizin« am Grendel in Luzern. Grosszügige Räume und eine exzellente Lage kennzeichneten die Praxis. Sie lag direkt gegenüber dem bekannten Uhren- und Juweliergeschäft Bucherer.

Es war etwas ganz Besonderes, als die ersten Patienten meine Räume betraten. Menschen mit den verschiedensten

Beschwerden meldeten sich im Laufe der Zeit bei mir, und ich konnte mich immer wieder mit einer neuen Lebensgeschichte auseinandersetzen. Häufig kamen Eltern mit ihren Kindern in die Praxis. Die Kinder konnten dann während der Gespräche etwas zeichnen oder spielen. Leider war es mir nicht in jedem Fall möglich, meinen Patienten hundertprozentig zu helfen. Das lag auch daran, dass sie oft bereits eine lange Krankengeschichte hinter sich hatten. Aber es war schon eine spezielle Erfahrung, wenn ich Menschen in der Stadt antraf und sie mir sagten, dass es ihnen gut ginge und sie froh wären, bei mir gewesen zu sein. Was gibt es Schöneres für eine Ärztin? So entstanden in diesem Zeitraum auch mehrere Freundschaften, die bis heute Bestand haben.

Während meiner fünfjährigen Praxistätigkeit am Grendel in Luzern kam unser Sohn Richard zur Welt. Oft nahm ich ihn mit in die Praxis und er schlief oder spielte in einem Nebenzimmer. Doch ich wollte ihm und meiner Familie unbedingt möglichst viel Zeit widmen und verlegte deshalb meine Praxis für die nächsten fünf Jahre an meinen Wohnort nach Kriens. Das Hin- und Herfahren nach Luzern erübrigte sich dadurch und ich konnte Familie und Beruf optimal miteinander verbinden.

Im Laufe meiner mehrjährigen Praxistätigkeit konnte ich auch langsam einen Trend erkennen: Es kamen immer mehr Menschen nicht wegen einer organischen Krankheit, sondern wegen ihrer Lebensprobleme zu mir in die Praxis. Ob es sich um eine Scheidung oder Trennung handelte, ein Todesfall oder ein anderer Umstand vorlag, der das Leben aus den Fugen geraten liess: Ich genoss offenbar das uneingeschränkte

Vertrauen der Menschen. Das wusste ich sehr zu schätzen – und das tue ich natürlich auch heute noch! Zuhören und Diskretion standen bei mir immer an erster Stelle. Und so zeichnete sich für mich langsam eine neue Tätigkeit als Lebensbegleiterin und Beraterin ab.

Auch meine politischen Aktivitäten nahmen immer grössere Dimensionen an, 2005 erfolgte meine Vereidigung im Grossen Rat des Kantons Luzern. Leider bin ich nicht die Person, die eine Tätigkeit halbherzig ausführt. Wenn ich etwas mache, dann richtig und mit ganzem Herzen! Ich sah, dass ich diese beiden Tätigkeiten, Politik und Praxis, nicht seriös miteinander verbinden und ausüben konnte. Deshalb gab ich nach zehn Jahren meine medizinische Tätigkeit auf. Ich wollte mich in Zukunft hauptsächlich dem politischen Mandat widmen, das mir meine Stimmbürger ermöglicht hatten. Und ganz nebenbei auch meine »Life-Coaching-Tätigkeit« als Beraterin weiterführen. Diese Tätigkeit erforderte von mir ja keine tägliche Präsenz.

Ich war noch nicht lange in der Schweiz und machte bereits eine erstaunliche Feststellung: Ärzte haben hier und in Deutschland einen etwas elitären Anstrich. Man spricht deshalb auch von den »Göttern in Weiss«. Der Arztberuf hat hier ein viel höheres Prestige als ein anderer Beruf. Das war in der ehemaligen CSSR ganz anders. Es war ein Beruf wie jeder andere auch, nur mit einer längeren Ausbildung. Das sozialistische System duldete für Ärzte keinen besonderen Status und ich habe mich deshalb mit meinem Beruf auch nie als etwas Besonderes gefühlt. Das Gleiche gilt für den Doktorgrad.

Wie ging es nun in der Schweiz weiter mit meinem Arztberuf? Gleich nach meiner Ankunft war es mir wichtig, mich um die Anerkennung meiner Studienabschlüsse zu kümmern. Ich setzte mich mit der Schweizerischen Ärztegesellschaft FMH in Verbindung und reichte zur Überprüfung alle notwendigen Unterlagen ein, selbstverständlich von einem amtlichen Büro in die deutsche Sprache übersetzt: Gymnasium, Matura, Medizinstudium, Staatsexamen und Promotion. 1994 folgte die Anerkennung meines Studiums und der Abschlüsse und damit stand einer Aufnahme in die Schweizerische Ärztegesellschaft nichts im Wege.

Die Ärztegesellschaft FMH teilte mir damals mit, dass mein Medizinabschluss aus der CSSR in der Schweiz dem Dr. med. entspreche und ich diesen Titel deshalb in der Schweiz führen könne. Mein Mitgliedsausweis von 1995 lautete bereits auf »Dr. med.« und ich wurde auch sofort nach der Aufnahme immer diesem Titel von der Ärztegesellschaft FMH angeschrieben. Ebenso von der Ärztegesellschaft VSAO (»Verein Schweizerischer Assistenz- und Oberärzte«), deren Mitglied ich seit dieser Zeit ebenfalls war.

Den Titel »Dr. med.« führe ich seit dieser Zeit offiziell, ohne jede Beanstandung. Davon zehn Jahre mit eigener Praxis! 2011 erhielt ich dann ein Schreiben der Ethik-Kommission des VSAO, dass sich in der Zwischenzeit ihre Regeln geändert hätten und ich deshalb meinen Doktortitel in der lateinischen Originalform führen müsse: »MUDr.«. Als Begründung gab der Verband eine fehlende Dissertation an. Für mich ist das Führen des Titels in der Originalform völlig unproblematisch, zumal ich heute auch nicht mehr im medizinischen Bereich tätig bin und mich auf die Politik und mein Nationalratsmandat konzentriere.

Die Unterstützung und das Verständnis in der Bevölkerung für meine Situation war gewaltig. Tagelang trafen E-Mails und Briefe bei mir ein und es wurde mir auch angeboten, nachträglich noch eine »medizinische Dissertation« zu schreiben. Viele ausländische Ärzte machen davon Gebrauch, weil sie hier eine eigene Praxis eröffnen möchten. Für mich kam das aber nicht infrage. Die Apparatemedizin hat für mich eine Entwicklung genommen, für die ich mich nicht mehr begeistern kann, denn mein Herz schlägt nach wie vor für die sanfte, ganzheitliche Naturmedizin.

Hinsichtlich meiner fehlenden Dissertation hier in der Schweiz fragte ich mich: Bin ich ein Einzelfall? Und wie wichtig ist überhaupt das Schreiben einer medizinischen Dissertation? Das interessierte mich. Ich habe mich deshalb in dieser Sache etwas umgehört und kam zu folgendem Ergebnis:

Medizinische Dissertationen sind in der Schweiz – und auch in Deutschland – sehr umstritten. Sie umfassen oft nur ein paar Dutzend Seiten, aber in extremis – laut Medienmitteilungen – auch nur 14 oder 16 Seiten! Sie haben mit einer echten wissenschaftlichen Dissertation praktisch nichts zu tun. Das Schreiben einer echten wissenschaftlichen Dissertation – z. B. in den Naturwissenschaften – ist nämlich eine »Knochenarbeit« und nimmt mehrere Jahre in Anspruch. In der Bevölkerung herrscht deshalb die Meinung vor, dass der Doktortitel für Ärzte hier in der Schweiz und in Deutschland aufgrund ihrer langen Studiendauer eher geschenkt wird.

Auch meine Angelegenheit wird dazu beigetragen haben, dass medizinische Dissertationen und der »Dr. med.« nun erneut im Fokus stehen. Deshalb wurde die Forderung laut, dass medizinische Dissertationen bestimmte Kriterien erfüllen sollen, wie einen Mindestumfang aufweisen, einer wissenschaftlichen Qualifikation genügen und für jedermann einsehbar sein, wie das bei Arbeiten aus anderen Fachbereichen auch der Fall ist.

Viele Fachleute sind auch der Meinung, der Doktortitel für Ärzte gehöre überhaupt abgeschafft. In der »Neuen Luzerner Zeitung« vom 6. April 2013 schreibt z. B. der bekannte Politologe und Doktor der Naturwissenschaft Michael Hermann unter dem Titel »Dr. med. Auslaufmodell«: »Es geht bei den meisten dieser Arbeiten nur darum, den Doktortitel zu erhalten. Mit Wissenschaft hat das wenig zu tun.« Und weiter schreibt er über die »Pseudo-Dissertationen« der Ärzte, wie er sie nennt: »In den USA erhalten Ärzte den »MEDICAL DOCTOR/MD« direkt beim Abschluss des Studiums (so wie auch in der ehemaligen CSSR, Anm. d. Autorin). Das wäre auch bei uns sinnvoll.«

Dr. med. Werner Bauer, Präsident des Schweizerischen Instituts für ärztliche Weiterbildung führt dazu aus: »Den Patienten ist es egal, ob Herr oder Frau Doktor eine Dissertation geschrieben hat. Der Dr. med. wird ja allgemein eher als eine Berufsbezeichnung und nicht als Nachweis einer wissenschaftlichen Tätigkeit verstanden.« Genau so habe ich den Titel des »Dr. med.« auch verstanden! Prof. Dr. med. Felix Gutzwiller, Präventivmediziner an der Universität Zürich und FDP-Ständerat, ergänzt noch im erwähnten Artikel: »Dissertationen für Ärzte sind ein Auslaufmodell!« Auch der ehemalige Rektor der Universität Zürich, Prof. Dr. Hans Weder, schreibt im »Tages Anzeiger« vom 29. März 2013, dass seinerzeit die Rektoren der Universitäten die Abschaffung der medizinischen Dissertationen empfahlen. Aufgrund von äusserem Druck(!) habe man aber letztlich davon abgesehen.

Das muss man dem sozialistischen System in der ehemaligen CSSR lassen: Die Ärzteausbildung war hervorragend und sehr praxisbezogen! Und es stand immer der Mensch im Zentrum. Das war bei mir überhaupt die wichtigste Motivation, Medizin zu studieren. Weder Geld, Prestige noch die Wissenschaft sollen im Mittelpunkt stehen, sondern das Wohl des Menschen, des Patienten. Als Abschluss unserer Ausbildung – nach dem Staatsexamen – stand deshalb auch nicht das Schreiben einer oft fragwürdigen Dissertation an, also einer theoretischen Abhandlung, sondern die bereits erwähnte, sehr praxisorientierte Patientenarbeit. Deshalb fühle ich mich nach wie vor als absolut vollwertige Ärztin und bin stolz auf meine sehr gute Ausbildung!

Als Fazit bleibt für mich: Medizinische Dissertationen und der Doktortitel (Dr. med.) sind eine reine Prestigeangelegenheit. Sie sagen über die medizinische und wissenschaftliche Qualifikation, über das Wissen und Können eines Arztes gar nichts aus. Und erst recht nicht über einen sensiblen und menschlichen Umgang mit Patienten!

Schweizer Bürgerin

1999 erhielt ich das Schweizer Bürgerrecht: ein Meilenstein in meinem Leben! Zu diesem Zeitpunkt begannen bei uns zu Hause auch die politischen Diskussionen. Mein Mann war zwar nicht politisch tätig und auch nie Mitglied einer Partei. Wir hatten aber beide offene Augen und Ohren. Aus unserer Sicht war vieles in der Schweiz verbesserungswürdig und wir kamen zum Schluss: nicht jeden Tag darüber eine neue Diskussion starten oder auf den Tisch klopfen, was man alles tun sollte, sondern selbst politisch aktiv werden! Die Frage war nur, wer von uns beiden diese Rolle übernehmen sollte. Mein Mann Richard lehnte ab. Er wollte sich voll seiner Firma widmen und hatte keine Zeit für Politik. So entschloss ich mich – nachdem ich die Staatsbürgerschaft erhalten hatte –, einer Partei beizutreten. Ich wurde in der Schweiz herzlich und mit offenen Armen aufgenommen. Das habe ich nie vergessen und wollte deshalb für meine Mitbürger hier unbedingt etwas tun.

Damals, bei meiner Ankunft in der Schweiz, Mitte der 1990er-Jahre, war ein eventueller EU-Beitritt das grosse Thema und Christoph Blocher täglich in den Medien. Ich war damals ein glühender »Verehrer« von ihm. Aufgrund dieser Ausgangslage kam für mich nur eine Partei in Frage: die SVP. Sie war für mich die einzige Partei, die sich gegen einen EU-Beitritt der Schweiz wehrte und sich auch sonst vehement für unser Land einsetzte. Das ist aus meiner Sicht praktisch bis heute so.

Im Jahr 2000 trat ich deshalb der SVP Kriens bei und wurde schon nach kurzer Zeit in den Vorstand gewählt. Es war für mich anfänglich eine echte Herausforderung, als Aktuarin der Ortspartei bei Sitzungen dabei zu sein, zuzuhören und dann daheim Protokolle zu schreiben. Die deutsche Sprache war für mich immer noch etwas fremd, aber ich biss mich durch. Ständig versuchte ich meine Sprachkenntnisse zu verbessern. Ich lernte bei jedem Protokoll Neues hinzu und später bei jeder Rede. Dann versuchte ich sogar, Dialekt zu sprechen. Ich erledigte alle anfallenden administrativen Arbeiten, machte an Standaktionen mit, sammelte Unterschriften und beteiligte mich an verschiedenen politischen Kampagnen.

Man mag mich als naiv bezeichnen, aber ich glaube daran, dass es die prioritäre Aufgabe der Politik wäre, für das Land und die Menschen gute, angenehme Lebensbedingungen zu schaffen. Die Politik sollte sich Mühe geben, dass die Wirtschaft gute Rahmenbedingungen erhält. Wäre das nicht eine edle und wunderschöne Aufgabe? Doch warum ist das nicht immer so? Es ist der menschliche Faktor! Politik ist nicht gut oder schlecht an sich. Es sind die Menschen mit verschiedenen Erfahrungen und Charakteren, die Politik machen und das Geschehen lenken!

Viele verfolgen eigene, rein wirtschaftliche Interessen oder sie verfolgen eine Ideologie – oft am Volk vorbei. Deshalb ist es entscheidend, wer Politik macht! Für mich war das ein weiterer Grund, politisch aktiv zu werden und meine Erfahrungen aus einem anderen Land in den dynamischen, politischen Prozess der Schweiz einfliessen zu lassen! Was mir politisch wichtig ist, habe ich in meinen»Standpunkten« zusammengefasst.

Langsam begannen sich die nächsten Grossratswahlen im Kanton Luzern abzuzeichnen und ich überlegte mir, ob ich kandidieren soll. Auf jeden Fall wollte ich mir ein politisches Programm zusammenstellen, das ich später als »Standpunkte« veröffentlichte. Ich machte mir Gedanken, welche Themen für mich wichtig sind und welche Interessen ich vertrete. Falls ich kandidierte, sollten meine Wähler wissen, für was ich kämpfe und für welche Bereiche ich mich einsetze!

Obwohl dies nun weit über zehn Jahre her ist, kann ich immer noch zu meinen Standpunkten stehen. Hier mein erstes politisches Credo von damals, im neuen Gastland Schweiz: »Bürgerliche Frauen«: Habt Mut zur Tradition!

Gibt es die bürgerliche Frau nicht mehr? Die bürgerliche Politik ist bei Frauen fast nicht mehr vertreten, meistens nur noch bei der SVP. Um für die Traditionen der Schweiz einzustehen, braucht es aber etwas Mut und Selbstvertrauen! Und gerade deshalb braucht es mehr bürgerliche Frauen in der Politik.

Was wir alle wollen, ist eine bessere Zukunft für uns und unsere Kinder. Und was ist die natürlichste Aufgabe der Frau? Ist es nicht die Einmaligkeit, Leben zu schenken, dieses zu beschützen und dafür zu sorgen, dass sich unsere Jugend später optimal entfalten kann? Und was geht über das Vaterglück? Ein Kind ist ein Geschenk, ein Rohdiamant. Die Eltern veredeln ihn gemeinsam, sodass er später für alle strahlt! Die Jahre, die ich persönlich meiner Familie widmete, haben mich gelehrt, was das Wichtigste im Leben ist: die Familie! Ich bin schon viele Jahre verheiratet, Mutter eines Sohnes und habe auch nicht das Gefühl, irgend etwas verpasst zu haben. Im Gegenteil.

Inzwischen trauen sich Frauen, wieder eine Familie zu haben, für sie zu sorgen und ihrem Partner einen starken Rückhalt zu geben. Ich bewundere jede Frau, die freiwillig beschlossen hat, ihrem Kind das Wertvollste zu schenken, was sie hat, nämlich ihre Zeit! Leider geniesst diese bewundernswerte Frau immer noch zu wenig Anerkennung in unserer Gesellschaft. Doch kein Geld der Welt ersetzt eine Mutter, die für ihre Kinder da ist, sie tröstet, umarmt, schlichtet und ihnen Mut und Kraft gibt. Davon profitiert die ganze Familie, die Gesellschaft und auch der Staat. Liebe Mütter, liebe Väter, ich bin überzeugt, dass wir gemeinsam eine bessere Zukunft für uns und unsere Kinder gestalten können. Helfen Sie mit – ich zähle auf euch! Und denken Sie daran: Zusammen sind wir stark!

Die Leute fragen mich immer wieder, warum ich mich so vehement für Freiheit und Unabhängigkeit einsetze. Die Antwort ist einfach: Ich bin die einzige Politikerin im eidgenössischen Parlament, die beide politischen Systeme kennt und die entsprechenden Erfahrungen mitbringt: Sozialismus/Kommunismus und Kapitalismus, Unterdrückung und Freiheit. Ich komme aus einem ehemals sozialistischen Land und ich weiss, was Freiheit und Unabhängigkeit bedeuten. Diese Werte waren uns natürlich bekannt, wurden den Bürgern aber verwehrt. Ich habe am eigenen Leib erfahren, was Unfreiheit bedeutet. Deshalb empfinde ich besonders stark, was diese Werte für Menschen bedeuten und kann ihren Wert nicht oft genug unterstreichen. Ich war damals in der CSSR in keiner Partei, aber ich kämpfte dennoch in der samtenen Revolution für die Freiheit und Unabhängigkeit meines Landes. Das hat mich geprägt und zu der Person gemacht, die ich heute bin.

Viele Menschen hier in der Schweiz können diese Werte nicht mehr richtig einschätzen. Aber hat man die Freiheit und Unabhängigkeit erst einmal verloren, ist es leider zu spät. Man kann sie nicht einfach wieder zurückholen! Das Gleiche gilt auch für verlorene Rechte. Deswegen kämpfe ich – nicht nur im Nationalrat – für die persönlichen Rechte und Freiheiten der Menschen, denn ich weiss, wovon ich spreche. Ich kämpfe aber auch für die vielen Vorteile der Schweiz, die Privilegien, die sie im internationalen Vergleich noch besitzt. Sie sind ihr Erfolgsgeheimnis. Diese Werte sind einmalig und bei einem Verlust irreversibel!

Bin ich in der Schweiz tatsächlich die einzige Frau, die für diese hohen Werte eintritt? Manchmal habe ich diesen Eindruck, aber er stimmt zum Glück nicht. Es scheint mir eher, dass es den Menschen hier immer noch viel zu gut geht, um sich über solche Werte Gedanken zu machen und sich zu sorgen. Vieles ist hier leider selbstverständlich geworden. Die Schweiz war in ihrer Vergangenheit immer privilegiert und bevorzugt. Neutralität schützte das Land vor Krieg und Unbill. Die Schweiz musste in der Neuzeit aussenpolitisch praktisch nie auf andere zugehen, verhandeln, etwas erkämpfen. Wenn jemand etwas wollte, musste er hierherkommen. Die heutigen aussenpolitischen Probleme unseres Landes mit anderen Staaten und der EU zeigen klar: Verhandeln gehört nicht zu den grossen Stärken unseres Landes. Verhandlungstechnik hat bei uns – im Gegensatz zu den USA – keine Tradition und wir haben darin ganz einfach keine Erfahrung.

Man ist oft zu harmoniebedürftig, gibt schnell klein bei und zahlt – wenn nötig auch etwas mehr – und will dafür seine Ruhe haben.

Nur ein Beispiel: das »Bankkundengeheimnis«. Die Schweiz wurde von den USA im Zusammenhang mit der Herausgabe von UBS-Kundendaten gewaltig unter Druck gesetzt. In einem Interview nahm Carlo Jagmetti, der ehemalige Schweizer Botschafter in den USA, in der »Neuen Luzerner Zeitung« dazu Stellung. Auf die Frage des Journalisten, was denn die Schweiz tun könnte, um dem Druck standzuhalten sagte er: »Vor allem muss man ein Argumentarium bereithalten, unsere Position mit Kraft und Nachdruck vertreten und an sich selber glauben!« Weiters sagte er, dass die Schweizer Politik sich leider schwach zeige und »Signale der Verwundbarkeit« aussende!

Denn mit der Herausgabe der Kundendaten war das Bankkundengeheimnis schon mehr als aufgeweicht, obwohl ein Bundesrat damals öffentlich sagte, dieses sei »nicht verhandelbar«. Aber kurze Zeit später teilte der gleiche Bundesrat mit, man könne nun doch darüber verhandeln. Was soll man von einer solchen Regierung halten? Viel Selbstvertrauen und Durchsetzungskraft ist diesen Aussagen wirklich nicht zu entnehmen!

Ähnliches gilt auch für die Verhandlungen mit der EU. Wir sollen vor allem die Interessen unseres Landes wahren, seine Unabhängigkeit, Sicherheit und soziale Wohlfahrt. Wir können dabei ruhig und selbstbewusst auftreten und klar machen, dass wir auch wer sind!

Die wirtschaftliche und allgemeine Situation unseres Landes ist immer noch sehr gut. Aber es gibt auch unheilvolle Entwicklungen, die es zu stoppen gilt. Nicht vom Wahlrecht Gebrauch zu machen, ist deshalb ein grosser Fehler und wir dürfen uns nachher nicht beklagen, wenn das Wahlergebnis dann nicht unseren Vorstellungen entspricht.

Ob an der Bushaltestelle, an einem Marktstand oder im Zug: Gerne spreche ich mit meinen Mitmenschen über das, was sie beschäftigt oder bewegt. Sofort ist man beim aktuellen Tagesgeschehen. Oft höre ich: »Es ist doch hier alles in Ordnung, den Menschen geht es gut und fast alle haben Arbeit. Warum etwas ändern?« Nein, es ist leider nicht alles gut in unserem Land. Aber da haben wir bereits ein weiteres Problem: die Gleichgültigkeit gegenüber der Politik! Und daran sind die Politiker zum grössten Teil selbst schuld, weil sie selber unglaubwürdig geworden sind. Sind viele Politiker erst einmal gewählt, gehen sie ihren eigenen Weg und vergessen schnell den normalen Bürger. Volksentscheide werden vom Bundesrat oft verzögert oder sogar überhaupt nicht mehr umgesetzt. Gerichte entscheiden gegen die Bevölkerung, in Anlehnung an den Europäischen Gerichtshof. Die EU mischt sich in unsere Angelegenheiten ein und wir lassen sie gewähren.

Deshalb schäme ich mich immer ein wenig, wenn mich jemand Politikerin nennt. Ich kenne das schlechte Image dieses Berufsstandes! Politiker sind auf der Glaubwürdigkeitsskala ganz unten anzutreffen. Nach einer Exklusivumfrage der deutschen Zeitschrift »Hör-Zu« glauben 88 Prozent der Bevölkerung, dass Politiker lügen. Mehr muss man dazu wirklich nicht sagen.

Ich weiss sehr gut aus eigener Erfahrung, was es heisst, eingesperrt zu sein, ohne Recht auf eine eigene Meinung und ohne

Glaubensfreiheit zu leben. Materiell ging es uns in der ehemaligen Tschechoslowakei nicht schlecht. Wir waren »nur« nicht frei! Aber auch ein Bündel Banknoten hilft nicht weiter, wenn die grundlegenden Freiheiten des Menschen vom totalitären Regime des Sozialismus missachtet werden. Die Schweiz hat ihre Freiheit in der Vergangenheit hart erkämpft. Wir dürfen diese nicht leichtfertig aufs Spiel setzen. Erleben wir nicht heute schon auf vielen Ebenen Anpassungen an EU-Richtlinien und an EU-Recht, obwohl die Bevölkerung ein überwältigendes »Nein« zu einem EU-Beitritt in die Urne gelegt hat? Mit dieser Entwicklung werden Volksrechte beschnitten und der Staat erhält dank gewissen politischen Strömungen mehr Macht über die einzelnen Bürger in unserem Land.

Die prioritäre Aufgabe des Staates besteht darin, für die Sicherheit der Bevölkerung zu sorgen. Dafür zahlen seine Bürger auch Steuern. Der Wohlstand in unserem Land zieht aber leider auch viele Wirtschaftsflüchtlinge an, von denen einige ihren kriminellen Energien freien Lauf lassen. Entsprechende Vorfälle in der Schweiz haben stark zugenommen. Diese Entwicklung muss gestoppt werden. Solidarität und das Vertrauen der Bevölkerung dürfen nicht missbraucht werden!

Ich habe eine Vision: Alle Bürger leben in Wohlstand und Frieden, voll Vertrauen in ihre Regierung. Denn diese hat hoffentlich endlich begriffen, welche Aufgabe sie zu erfüllen hat: Dafür zu sorgen, dass es, soweit dies möglich ist, allen Menschen in unserem Land gut geht!

Die Macht eines totalitären Staates und den Untergang des Kommunismus habe ich in der ehemaligen Tschechoslowakei selbst erlebt. Als ich in die Schweiz kam, stellte ich mit Erstaunen fest, dass viele Menschen hier manche Gefahren unterschätzen. Aus eigener Erfahrung weiss ich deshalb, was die Schweizer verlieren können! Es gibt Strömungen, die die Macht des Staates noch weiter ausbauen möchten und die Volksrechte beschneiden wollen. Dies muss verhindert werden! Wir müssen alles daransetzen, dass unser wunderschönes Land, das die Vorfahren aufgebaut haben, in dieser Form für alle erhalten bleibt.

Es geht dabei nicht darum, unter allen Umständen am »Alten« festzuhalten und sich der Zukunft zu verschliessen. Sondern diejenigen Werte, die sich in der Vergangenheit bewährt haben und denen die Schweiz ihren Erfolg verdankt, zu bewahren. Selbstverständlich wollen und müssen wir auch dem Neuen gegenüber offen und aufgeschlossen sein, um den kommenden Herausforderungen nach dem Motto »Erneuern und Bewahren« gewappnet zu sein.

Freiheit bedeutet für mich, Verantwortung zu übernehmen. Im Herzen tragen wir den Samen uneingeschränkter Freiheit. Lassen wir diesen Samen zu einer wunderschönen Blume aufgehen! Freiheit bedeutet, dass wir uns einsetzen für unsere Interessen und Bedürfnisse. Als verantwortungsbewusste und erwachsene Menschen haben wir die Möglichkeit dazu. In uns schlummert eine Kraft, die Berge versetzen kann. Nützen wir diese Kraft! Für uns und für unser Land.

Die Schweiz ist meine neue Heimat geworden. Meine ursprüngliche Heimat habe ich deswegen nicht verloren, ich habe vielmehr eine zweite, neue dazu gewonnen! Mein Herz hat zwei Kammern: Beide sind notwendig und beide sind ein Teil von mir.

Ich setze mich aktiv dafür ein, dass der Kanton Luzern weiterhin erfolgreich ist und für Firmen einen idealen, wirtschaftlichen Standort darstellt. Dafür müssen wir optimale Bedingungen schaffen. Die Einwohner des Kantons Luzern dürfen nicht weiter belastet werden mit zu hohen Abgaben und Steuern, verfehlten Gesetzen und unnötigen Verordnungen. Unser Kanton soll interessant sein für die Einwohner und attraktiv bleiben für Unternehmer. Unser schöner Kanton Luzern und die Schweiz liegen mir ganz besonders am Herzen. Für die Zukunft wünsche ich mir nur das Beste für alle Mitbürger, die hier, so wie ich, ihre Heimat gefunden haben.

Dieses Land hat Grosses vollbracht. Viele Schlachten sind geschlagen und viele Menschen für Freiheit und Unabhängigkeit geopfert worden. In der heutigen Zeit müssen wir aber glücklicherweise nicht mehr unser Leben opfern, um unsere Heimat zu verteidigen. Unsere freie Zeit, unser Wissen und unsere Fähigkeiten sind die Mittel, die wir heute für die Schweiz einsetzen können. Unsere Vorfahren haben uns einen guten, gangbaren Weg aufgezeigt. Das Land hat in Europa einen einzigartigen Sonderfall geschaffen: Neutralität und die direkte Demokratie! Es sind die Freiheit und Unabhängigkeit, die unser Land stark und als sicheren Wirtschafts- und Finanzplatz interessant machen. Ich setze mich für diese bürgerlichen Werte ein, für Eigenverantwortung, Sicherheit und Selbstbestimmung. Diese traditionellen Werte haben der Schweiz ihren Wohlstand gebracht!

Politik ist wichtig, denn sie betrifft uns alle! Aber viele Schweizer beginnen sich erst mit Politik zu beschäftigen, wenn sie eingeschränkt werden oder materielle Verluste erleiden. Die wachsende Last der Krankenkassenprämien, hohe Abgaben, Gebühren und Steuern bringen viele Menschen an ihre finanziellen Grenzen oder sogar in Not. Setzen wir uns dafür ein, dass dem Einzelnen im Geldbeutel wieder mehr übrig bleibt! Machen Sie nicht nur die Faust im Sack: Sprechen Sie, handeln Sie und gehen Sie zu Abstimmungen! In einer Demokratie braucht es Mehrheiten. Jeder Einzelne von uns hat die Möglichkeit, zu diesen Mehrheiten beizutragen und die Zukunft mitzugestalten. Aber wer nicht mitbestimmt, über den wird bestimmt. Und es hilft wenig, später über verpasste Abstimmungen zu jammern!

Ich bin kein Gegner der EU aus Patriotismus, sondern weil die EU in ihrer heutigen Form ein diktatorisches Gebilde ist. Dieses hat mit Demokratie wenig zu tun. Selbst EU-Parlamentspräsident Martin Schulz (SPD) sagte dazu folgenden, bemerkenswerten Satz: »Wäre die EU ein Staat, und würde sie einen Antrag zum Beitritt in die EU stellen, würde der Antrag abgelehnt, wegen Mangel an demokratischer Substanz!«

Die EU bringt wirtschaftliche Vorteile für Länder, die eine Stärkung benötigen. Für die Schweiz sehe ich keine nennenswerten Vorteile, aber viele grosse Nachteile. Vergessen wir nicht: Die Schweiz wird von der ganzen Welt beneidet! Bewundert werden dabei keineswegs nur der Schweizer Käse, die Berge oder die Uhrenindustrie. Die Schweiz wird ganz besonders beneidet um ihre direkte Demokratie. Und genau diese würden wir bei einem EU-Beitritt verlieren! Ein Beitritt wäre auch ein weitgehender Verlust unserer Selbstbestimmung, weil dann die EU-Verfassung über derjenigen unseres Landes stehen würde.

Das Unbehagen und der Widerstand gegenüber dem Verwaltungsmoloch in Brüssel, der alles regeln und bestimmen will, wächst beständig. Schon seit einiger Zeit sind in mehreren Ländern Bestrebungen im Gang, sich ihre Freiheit, ihre Währung und ihre Selbstbestimmung wieder zurückzuholen. Die Aktivitäten in dieser Richtung beschleunigen sich. Sie werden die EU in naher Zukunft – zusätzlich zur Finanzkrise – in grosse Schwierigkeiten bringen!

Die Sozialwerke sind eine wichtige Errungenschaft der modernen Schweiz. Sie dürfen auch in wirtschaftlich schwierigen Zeiten grundsätzlich nicht infrage gestellt werden. Die Aufgabe unserer Sozialdienste ist es, Menschen in bescheidenen wirtschaftlichen Verhältnissen oder in echten Notlagen gezielt zu unterstützen. Gegenwärtig müssen wir aber die Folgen eines Sozialsystems tragen, das zu oft ausgenutzt wird. Damit die Sozialwerke langfristig saniert und gesichert werden können, braucht es auch mehr Eigenverantwortung von uns Bürgern. Die Anspruchshaltung unserer Gesellschaft im Bereich der sozialen Leistungen muss durch korrigierende Anreize und Auflagen vermindert werden. Der Staat darf nicht alles finanzieren – und wir müssen uns gegen den Missbrauch zur Wehr setzen!

Nehmen wir deshalb auch unsere Verantwortung gegenüber dem Staat wahr, nach dem berühmten Satz des US-Präsidenten John F. Kennedy: »Frage nicht, was das Land für dich tun kann, sondern was du für dein Land tun kannst!«

2003 standen die Wahlen in den Grossen Rat des Kantons Luzern an, heute Kantonsrat. Die SVP-Parteileitung vertrat die Meinung, ich gehöre unbedingt auf die Liste. Ich war zwar skeptisch, aber ich sagte zu. Und tatsächlich kam ich mit 10 154 Stimmen auf den ersten Ersatzplatz und damit auf die Warteliste von Luzern-Land. Kein einziges Plakat stellte ich im Wahlkampf auf. Ich machte praktisch keine Werbung, nichts. Einzig bei einigen Podien und Standaktionen trat ich auf, zusammen mit den anderen Kandidaten.

Warum damals der geringe Einsatz? Weil ich als SVP-Frau, als völlig unbekannte und erst kürzlich eingebürgerte Ausländerin, meine Wahlchancen beim ersten Antreten als ausserordentlich gering einschätzte. Mein Erstaunen über den Achtungserfolg – auch wenn ich nicht gewählt wurde – war deshalb gross. Aber offenbar wurden meine Botschaften und Standpunkte vom Wähler verstanden!

Und 2005 geschah das, womit ich überhaupt nicht gerechnet hatte. Ich kam eines Tages nach Hause und mein Mann sagte: »Dein Parteipräsident hat angerufen. Du bist nachgerutscht und sollst dich für den Grossen Rat bereit machen!« Ich musste gleich an den Satz von Arthur Schopenhauer denken: »Das Schicksal mischt die Karten und wir spielen...!« So wurde ich am 3. Mai 2005 als erste SVP-Frau des Kantons Luzern, als neue Grossrätin im Parlament vereidigt. Ein weiterer Meilenstein...

In den folgenden zwei Jahren setzte ich mich im Grossen Rat für verschiedene Anliegen ein, wie für den Zubringer Rontal oder für die Privatisierung der Luzerner Spitäler und deren Umwandlung in eine AG. Zu diesem Zweck stellte ich ein überparteiliches Komitee zusammen, bestehend aus Grossrätinnen und Grossräten von FDP, SP, Grüne und SVP.

Aber auch die Landeshymne lag mir am Herzen. In einem Postulat wollte ich erreichen, dass die Hymne im Gesangsunterricht der Luzerner Schulen Eingang findet. Und im Nationalrat brachte ich das Thema später erneut auf den Tisch.

Die Debatten und politischen Auseinandersetzungen im Grossen Rat mochte ich sehr. Es war auch möglich – im Gegensatz zum Nationalrat –, spontan ein Votum abzugeben oder auf das Gesagte zu reagieren. Diese Voten waren oft sehr witzig, amüsant oder sogar skurril. So sagte ich einmal zu einem Kollegen aus der SP, der uns alle aufforderte, ihr Parteiprogramm zu lesen:»Nein, Herr Kollege. Ich habe euer Parteiprogramm nicht gelesen. Aber ich habe es viele Jahre lang selbst erlebt. Das genügt mir!«

Die politische Tätigkeit im Grossen Rat war für mich eine gute Schule, auch fürs Leben: konstruktiv streiten, Lösungen suchen und Entscheidungen treffen. Diese präsentieren und dahinterstehen. In dieser Zeit war ich auch Mitglied der Kommission GASK (Kommission für Gesundheit, Arbeit und soziale Sicherheit).

Dann kam für mich das Schicksalsjahr 2007. Dass ich erneut für den Grossen Rat kandidiere, war für mich damals klar, denn ich wollte als »Ersatz-Gewählte« die Bestätigung und diesmal direkt vom Volk gewählt werden. Ich stieg in den

Wahlkampf mit dem Slogan: GEMEINSAM SIND WIR STARK!

Der Wahlkampf war sehr emotional. Meinen Wählern stand ich Rede und Antwort, indem ich bei verschiedenen Standaktionen und Veranstaltungen auftrat. Ab und zu hielt ich auch ein Referat. Mein Engagement für mehr Frauen in den Grossen Rat hatte sich gelohnt: Ich war nicht mehr die einzige, sondern gleich drei Frauen aus der SVP zogen nach den Wahlen neu in das Kantonsparlament ein! Und ich wurde wiedergewählt, mit 10 062 Stimmen – das drittbeste Resultat der Partei. Politisch arbeitete ich im gleichen Rahmen weiter und übernahm in der GASK-Kommission das Präsidium, bis zu meinem Rücktritt aus dem Grossen Rat.

Immer wieder werde ich gefragt, warum ich mich so intensiv für die Nationalhymne einsetze. Es war ein Schlüsselerlebnis im ersten Jahr meines Aufenthaltes in der Schweiz, das mich dazu bewogen hat: ein warmer Sommertag in Luzern, Nationalquai. Eine junge Frau in Uniform, offenbar Führerin einer Pfadi-Gruppe fragt mich, ob ich die Schweizer Nationalhymne singen könnte. Die Gruppe aus dem Ausland wollte ihre Reise durch die Schweiz mit dem Schweizerpsalm feierlich abschliessen. Die Verzweiflung der jungen Frau war ihr ins Gesicht geschrieben: Sie fragte schon eine ganze Weile Passanten, aber keiner konnte ihren Wunsch erfüllen! Das war für mich etwas Unglaubliches. Junge Leute, die hier aufwachsen, kennen ihre eigene Landeshymne nicht! Leider war mir die Hymne damals auch noch nicht bekannt, weshalb auch ich der Frau nicht weiterhelfen konnte.

In meiner ehemaligen Heimat war es selbstverständlich, dass Kinder die Landeshymne singen konnten. Die Staatssymbole waren auch viel präsenter als in der Schweiz. Ein Kollege im Grossen Rat hat mir die Situation damals so erklärt: »Weisst du, es gibt in der Schweiz kein richtiges Zusammengehörigkeitsgefühl. Es gibt die Deutschschweizer, die Welschen, die Tessiner und die Räterromanen. Jede Region verfolgt ihre eigenen Interessen. Wir sind faktisch zusammengewürfelt und leben in einem Staat, ohne grossen Zusammenhalt!« Das hat mich dann doch erstaunt. Gleich musste ich an den »Röstigraben« denken. Ist vielleicht doch etwas Wahres an dieser Aussage?

Bei TV-Übertragungen von Sportereignissen kommen die wahren Patrioten zum Vorschein. Einige singen bei ihrer Hymne insbrünstig mit, legen die »Hand aufs Herz«. Einige scharren mit ihren Füssen, den Blick gesenkt. Sie sehen die Fahne nicht einmal an, sondern warten ungeduldig, bis die Hymne endlich verklungen ist. Etwas mehr Anstand und Respekt gegenüber dem Heimatland und seinen Symbolen würde nach meiner Meinung niemandem schaden.

Niemand wird gezwungen, ein Patriot zu sein. Es ist aber wichtig, dass die Repräsentanten eines Landes ihre Vorbildfunktion nicht vergessen. Millionen von Augen sind z. B. während der Olympischen Spiele auf die Sportler gerichtet. Man kämpft doch bei grossen Sportwettbewerben nicht nur für sich selbst und für sein Ego, sondern auch für das eigene Land. Oder täusche ich mich?

Ich musste mich damals bei der Begegnung mit der erwähnten Frau etwas schämen: »Nun lebe ich schon ein Jahr in diesem Land und kenne die Nationalhymne noch nicht. Das muss sich sofort ändern!«, sagte ich mir. Zu diesem Zweck eilte ich in das nächste Musikgeschäft und erlebte eine neue Überraschung: »Die Schweizer Hymne mit Text haben wir nicht, nur die Instrumentalversion«, sagte die Verkäuferin.

Schlussendlich wurde ich aber doch noch fündig und konnte endlich den Text der Hymne lesen. Bekanntlich habe ich einen Hang zur Lyrik und was ich da las, rührte mich zu Tränen. Die Nationalhymne von P. Alberik Zwyssig und Leonhard Widmer ist ein Juwel der Dichtung – wunderschön und voller Emotionen!

Trittst im Morgenrot daher,
Seh' ich dich im Strahlenmeer,
Dich, du Hocherhabener, Herrlicher!
Wenn der Alpenfirn sich rötet,
Betet, freie Schweizer, betet.
Eure fromme Seele ahnt
Gott im hehren Vaterland!

Kommst im Abendglühn daher,
Find' ich dich im Sternenheer,
Dich, du Menschenfreundlicher, Liebender!
In des Himmels lichten Räumen
Kann ich froh und selig träumen;
Denn die fromme Seele ahnt
Gott im hehren Vaterland!

Ziehst im Nebelflor daher,

Such' ich dich im Wolkenmeer,

Dich, du Unergründlicher, Ewiger!

Aus dem grauen Luftgebilde

Bricht die Sonne klar und milde,

Und die fromme Seele ahnt

Gott im hehren Vaterland!

Fährst im wilden Sturm daher,

Bist du selbst uns Hort und Wehr,

Du, allmächtig Waltender, Rettender!

In Gewitternacht und Grauen

Lasst uns kindlich ihm vertrauen!

Ja, die fromme Seele ahnt

Gott im hehren Vaterland!

Aber auch die Melodie geht unter die Haut. Sie dringt sehr tief in mein Herz ein und schlägt bei mir eine Saite an, die man Liebe zum Land und seiner Tradition nennt!

Eine Befragung unter der jungen Schweizer Bevölkerung brachte eine erschreckende Wahrheit ans Tageslicht: Nur ein Prozent der 15- bis 29-Jährigen kennt die Nationalhymne! Diese Umfrage veranlasste mich, 2006 im Grossen Rat ein Postulat einzureichen mit dem Ziel, dass die Hymne im Gesangsunterricht der Schulen berücksichtigt wird. Der Vorstoss wurde abgelehnt. Interessant war die Begründung: Möglicherweise missfiel einigen Personen, dass Gott im Text genannt wird.

Unglaublich: Unser heute 18-jähriger Sohn Richard musste in der Schule die biografischen Daten der Sängerin Britney

Spears kennen und es gab darüber sogar einen Test. Die Landeshymne ist aber derart unwichtig, dass man sie nicht kennen muss. Soweit hat es das Schulsystem in der Schweiz gebracht!

Und was sagte übrigens damals die angesprochene junge Generation zu meinem Vorstoss im Grossen Rat?

- Bei einer Umfrage der Pendlerzeitung »20 Minuten« vom 6. Oktober 2006 äusserte sich die Mehrzahl der Jungen positiv und war meinem Vorstoss gegenüber sehr aufgeschlossen.
- In einer »Zisch-Umfrage« der »Neuen Luzerner Zeitung« vom 27. April 2006: »Soll die Schweizer Nationalhymne an den Schulen gelehrt werden?« antworteten 77 Prozent mit Ja!

Ländlerkönig Hans Aregger, Komponist und Dirigent, beim
Abschiedskonzert mit seiner Kapelle 2011 in Kriens

Sicher gibt es Wichtigeres als die Nationalhymne. Aber wie bereits im Zusammenhang mit den USA erwähnt, ist das Zelebrieren der Staatssymbole, mit Flagge und Nationalhymne, sehr wichtig für das Selbstbewusstsein eines Landes. Gerade für die Schweiz mit ihren vier verschiedenen Sprachregionen. Die Nationalhymne repräsentiert einen traditionellen Wert für das ganze Land. Sie symbolisiert Einigkeit, Zusammengehörigkeit und Gemeinsamkeit. Die Hymne hat eine enorme Kraft und Ausstrahlung!

Deshalb reichte ich im Nationalrat 2008 eine Motion ein mit dem Anliegen, dass die Nationalhymne zu Beginn einer Session – jeweils eine Strophe in einer der vier Landessprachen – gesungen wird. 59 Kollegen unterzeichneten meinen Vorstoss. Allgemein wurde das Singen der Hymne als Beitrag zum nationalen Zusammenhalt und als Symbol der Verbundenheit anerkannt.

Der Nationalrat lehnte aber die Motion knapp mit 93 zu 83 Stimmen ab, bei 15 Enthaltungen! Noch am gleichen Tag reichte die SP eine Motion ein, dass die Hymne jeweils zu Beginn einer Legislatur nicht gesungen, sondern nur gespielt wird. Ich unterschrieb auch diese abgeschwächte Form, weil es mir um die Sache ging. Und die Motion passierte den Nationalrat problemlos. So wird jetzt jeweils zu Beginn einer neuen Legislatur die Nationalhymne gespielt. Mein Anliegen war, dass die Hymne eine dauerhafte Würdigung im Parlament und in der Gesellschaft erfährt. Dieses Ziel ist nun immerhin teilweise erreicht.

Für mich resultiert daraus die Erkenntnis: Es ist nicht notwendig, mit jeder Motion gleich erfolgreich zu sein. Wichtig ist, etwas anzustossen und zu thematisieren. Mein Vorstoss löste damals Diskussionen und ungeahnte Medienreaktionen aus. Und der Zeitgeist sorgt manchmal dafür, dass eine Vision doch noch Wirklichkeit wird.

Was für Gefühle erfüllen mich am 1. August, dem Schweizer Nationalfeiertag? In erster Linie ist es eine grosse Dankbarkeit, dass es so ein Land wie die Schweiz gibt! Das Land ist für viele Menschen aus dem Ausland – so wie für mich – zur zweiten Heimat geworden. Ich bin zwar nicht hier geboren, aber das Schicksal hat mich hierher geführt. Für diese Fügung bin ich sehr dankbar! Für einige Schweizer bedeutet der 1. August nicht viel. Für mich aber schon, denn ich weiss aus eigener Erfahrung, dass ein Leben in Freiheit, Unabhängigkeit und Wohlstand nicht selbstverständlich ist!

Es ging auch dem heutigen politischen System in der Schweiz ein langer Prozess voraus, der viele Opfer verlangte. Deshalb fühle ich mich allen Frauen und Männern, die in irgendeiner Form für unser Land gekämpft oder sich eingesetzt haben, zu grossem Dank verpflichtet! Ich bin auch der jungen Generation dankbar, die sich wieder vermehrt für Freiheit, Neutralität und die direkte Demokratie der Schweiz einsetzt. Wir alle können mit Recht auf unser Land stolz sein, müssen aber auch in Zukunft mit Angriffen aus dem Ausland rechnen. Der Einsatz für unsere Werte ist nicht immer einfach, sollte aber für uns Schweizer Ehrensache sein. Ich werde mich persönlich auch in Zukunft uneingeschränkt für unser Land einsetzen – und dabei zähle ich natürlich auch auf Sie!

Unmittelbar mit der Bundesfeier am 1. August verbunden ist das Rütli, idyllisch gelegen am Vierwaldstättersee. Der ideale Ort für ein friedliches Beisammensein und zwar für alle: Frauen, Männer, Kinder, Familien, Senioren, Behinderte. Verwaltet wird die Wiese von der »Schweizerischen Gemeinnützigen Gesellschaft« (SGG). Diese linkslastige Gesellschaft versucht aber bereits seit Jahren, das Rütli politisch zu instrumentalisieren, indem nur ihr genehme Leute oder Gruppen am Bundesfeiertag das Rütli betreten dürfen. Sie möchte ganz allein bestimmen, wer an diesem Tag auf das Rütli darf und wer nicht!

Das ist grundsätzlich nicht akzeptabel, denn das Rütli gehört allen Schweizerinnen und Schweizern!

Hier wird von der »Gemeinnützigen« Gesellschaft genau die Macht über die Schweizer Bevölkerung ausgeübt, die ich in einem späteren Kapitel beschreibe und auch als absolut undemokratisch ablehne! In der Schweiz haben alle Bürger die gleichen Rechte. Das Rütli ist Nationaleigentum und gehört uns allen – ohne Wenn und Aber!

Und wer war eigentlich am 1. August 2007 auf dem Rütli? Die 1.-August-Feier wurde damals von der SSG definitiv abgesagt! Kein einziges Schiff fuhr an diesem Tag auf das Rütli und alle Häfen am Vierwaldstättersee wurden geschlossen. Doch allein für Frau Calmy-Rey wurde das Rütli »geöffnet«! Nach monatelangem Gezänk und widriger, unappetitlicher Zwängerei kam die SP-Bundesrätin aus Genf auf die Wiese und brachte »ihre Leute« gleich mit. Und dort machte sie genau das, was die SGG angeblich verhindern will: Unter einem gewaltigen Polizeiaufgebot stellte sie sich selbst dar und hielt auf dem Rütli eine politische Rede!

Ich musste dabei unweigerlich an meine Jugendzeit in der ehemaligen Tschechoslowakei denken. Bei einem »Staatsfest« mussten wir Schüler aufmarschieren, in Uniform und mit einem Fähnchen in der Hand. Das war absolute Pflicht. Und die Feiern wurden von den regierenden Sozialisten nach aussen als grosser Erfolg dargestellt. Für derart staatsgesteuerte und organisierte Zwangsfeiern gab es in unserem damaligen sozialistischen Staat ein Rezept und die Parallele zum Auftritt der Bundesrätin auf dem Rütli ist unverkennbar: Man nehme eine Gruppe »Gesinnungsgenossen«, schare diese um sich, schalte die Kritiker aus und feiere sich selbst!

Das historische Rütli ist zwar nur ein Symbol. Allerdings ein sehr wichtiges Symbol für Freiheit, Unabhängigkeit und Neutralität. Doch viel wichtiger ist der »Rütligeist«! Was verstehe ich darunter? Der politische Kampf zwischen dem linken und rechten Lager wird immer härter geführt. Fast alle Politiker und Parteien versuchten zudem sich zu profilieren, indem sie ein Thema für sich einnehmen und sich dann dafür allein zuständig erklären. Wenn es aber um das Wohl und die gemeinsamen Interessen unseres Landes geht, sollten alle am gleichen Strang ziehen. Dieses Gemeinsame vermisse ich ganz stark in der Schweizer Politik!

Vielen Menschen fehlt auch eine positive, optimistische Grundeinstellung. Optimismus ist eine aufbauende, kreative Energie. Alles zu kritisieren und infrage zu stellen, ist zwar sehr einfach, hilft uns aber leider nicht weiter. Was uns in der Schweiz – besonders in der Politik – fehlt, ist der gemeinsame Rütligeist: eine zukunftsgerichtete, positive Vorwärtsstrategie für das ganze Land!

Bei mir ist der Rütligeist jederzeit präsent. Ich verteidige die persönliche Freiheit der Menschen bei jeder Gelegenheit, auch auf nationaler Ebene. Ich frage nicht zuerst, ob ich mit meinem Engagement Erfolg habe. Wichtig und entscheidend ist, sich einfach zu engagieren und nicht zuzusehen, wie Werte verloren gehen. Sich später zu beklagen, nützt nichts. Es geht mir bei meinem Engagement in erster Linie um die Entscheidungsfreiheit der Bürger, die immer mehr eingeschränkt wird – zugunsten des Staates. Ob Epidemiengesetz, Waffengesetz, Komplementärmedizin oder Volksrechte allgemein: Immer wenn die persönliche Entscheidungsfreiheit des Einzelnen in Gefahr war und der Bund seine Machtkonzentration vergrössern wollte, habe ich mich engagiert. Und zwar schweizweit durch Radio- und TV-Auftritte, Streitgespräche, Interviews, Podien und Zeitungsartikel. Daran wird sich auch in Zukunft nichts ändern. Seien wir wachsam, denn Freiheit gibt es nicht gratis. Sie muss immer wieder neu erkämpft werden!

Wenn wir sehen, dass in unserem Kanton oder in unserer Gemeinde ein Stück persönliche Freiheit in Gefahr ist, sehen wir nicht tatenlos zu, sondern setzen uns gemeinsam zur Wehr! In angenehmer Erinnerung ist mir in diesem Zusammenhang noch die Ansprache zum 1. August 2012 in Horn/ TG. Auf Einladung des Gemeinderates durfte ich die Festansprache halten. Über 300 Personen versammelten sich abends bei prächtigem Sommerwetter auf dem schön gelegenen Festplatz direkt am See. Eine tolle Stimmung und begeisternde Musik prägten die Veranstaltung. Gemeinsam wurden der Schweizerpsalm und das Thurgauerlied gesungen, unter musikalischer Begleitung der Stadtharmonie Rorschach. Bei einbrechender Dunkelheit loderte der gewaltige Holzstoss auf dem grossen Festplatz – das weithin sichtbare »Feuer der Freiheit!« Anschliessend war bei Musik und Tanz fröhliches Zusammensein angesagt.

Kurz vor Drucklegung dieses Buches wurde bekannt, dass sich offenbar die »Schweizerische Gemeinnützige Gesellschaft« auch der Nationalhymne bemächtigen will! Wie die Medien berichteten, möchte sie der erst seit 1981 offiziellen Landeshymne einen neuen Text geben. Begründung der Gesellschaft: Der Text sei nicht mehr »zeitgemäss«. Was für ein Unsinn! Muss eventuell nach Meinung der selbstgefälligen Gesellschaft Gott aus dem Text entfernt werden? Das erinnert mich stark an die Sozialisten in meiner Jugendzeit, denn sie glaubten, im Leben auch ohne Gott auszukommen.

Festansprache zum 1. August 2012 im herrlich gelegenen Bad Horn am Bodensee

Können Sie sich vorstellen, liebe Leser, dass die amerikanische Nationalhymne, die fast jedes Kind kennt, durch eine andere ersetzt wird? Oder die »Marseillaise«, seit 1795 Nationalhymne Frankreichs? Gerade die Nationalhymne ist ein wichtiger und beständiger »Identifikationsfaktor« für ein Land!

Und was ist dann mit der »nicht mehr zeitgemässen« Musik von Mozart, Beethoven, Wagner, Brahms, Strauss etc.? Darf sie auch nicht mehr gespielt werden? Das Neujahrskonzert der Wiener Philharmoniker müsste dann ebenso abgesagt werden wie die Bayreuther Festspiele. Und wie steht es mit der Literatur von Goethe, Schiller, Shakespeare und Co.? Ist diese nach Meinung der SSG auch nicht mehr »zeitgemäss«, muss sie aus den Bibliotheken entfernt und neu geschrieben werden? Oder könnte es eher sein, dass die SSG nicht mehr zeitgemäss ist?

SVP und CVP haben 2013 beim Bundesrat in Sachen Rütli interveniert und verlangten eine Lockerung der »SSG-Rütli-Besuchsregeln«. Es wird sich zeigen, wie die Zukunft aussieht oder ob zuletzt doch nur eine Volksabstimmung das Rütli wieder der Allgemeinheit und damit ihrem ursprünglichen Zweck zuführen kann.

Liebe Leser: Schreiben Sie mir, wie Sie darüber denken – über das Rütli, über die SSG oder über die Nationalhymne. Vielleicht haben Sie auch schon entsprechende Erfahrungen mit den Institutionen gemacht oder Sie möchten sich in der Sache engagieren. Ich freue mich über jeden Hinweis und danke Ihnen schon jetzt für Ihre Mithilfe!

Plötzlich Nationalrätin

Sonntagabend, den 21. Oktober 2007. Ein historischer Tag für mich. Am späten Nachmittag klingelt das Telefon. Mein Mann geht ran, denn ich bin nicht zu Hause, sondern bei der SVP-Wahlfeier bei der Firma Tschopp in Buttisholz. Der Redaktor einer grossen Zeitung ist am Apparat. »Kann ich ihre Frau sprechen?«, fragt er, »sie ist soeben in den Nationalrat gewählt worden!« Was für eine Überraschung! Mein Mann rief mich an und sogleich machte ich mich auf den Weg ins Regierungsgebäude nach Luzern, um den anderen Gewählten zu gratulieren. Und natürlich den Medienschaffenden Rede und Antwort zu stehen.

Das Wahlergebnis überwältigte mich: 30 724 Stimmen wurden für mich ausgezählt! Ich war sprachlos. Was für ein Ergebnis auf Anhieb. Was für eine Verantwortung für mich und was für Hoffnungen wurden damit in mich gesetzt! Ich überlegte ganz kurz: Die Schweiz hat rund 8 Millionen Einwohner. Als Mitglied des 200-köpfigen Nationalrates vertrete ich somit fast 40 000 Personen. Unglaublich!

Welche Bedeutung meine Wahl in den Nationalrat hatte, erlebte ich gleich nach der Abstimmung: Medienpräsenz ohne Ende, kiloweise Post, Gratulationen und Einladungen, Anfragen, Ratschläge aus der ganzen Schweiz. Es war offensichtlich eine mittlere Sensation, dass eine Frau mit ausländischen Wurzeln – ausgerechnet für die SVP – auf Anhieb in den Nationalrat gewählt wurde. Damit hatte praktisch niemand gerechnet, auch nicht die Politologen. Es folgten für mich strenge, turbulente, aber auch sehr schöne Stunden und Tage.

Sie bleiben unvergesslich. Doch wie kam es eigentlich zu dieser Wahl?

Mein gutes Wahlergebnis bei den Grossratswahlen im Frühling war die Voraussetzung für eine Nationalratsnomination. Einen grossen Anteil an der Nomination und auch am Wahlerfolg hatte der damalige SVP-Ortsparteipräsident Werni Birrer. Er setzte sich vehement für meine Kandidatur ein und hat mich im Wahlkampf auch tatkräftig unterstützt. Leider ist er 2013 ganz unerwartet verstorben.

Mein Wahlslogan lautete: »Erfrischend anders!« Als Leser meines Buches werden Sie wahrscheinlich diesem Slogan beipflichten. Weil ich nun tatsächlich etwas anders bin und einen anderen Lebensweg hinter mir habe, habe ich auch immer eine etwas andere Politik betrieben. Das wissen meine politischen Freunde und Kontrahenten. Ich hatte mir deshalb für die Wahl auch einiges vorgenommen und einen »Drei-Punkte-Plan«, eine Art Ehrenkodex erstellt, den ich schon immer befolgte und auch heute noch strikt einhalte:

- Jederzeit sich selbst und anderen in die Augen sehen – auch nach dem Wahlkampf!
- Einen offenen, ehrlichen, sachbezogenen und menschlichen Wahlkampf führen. Sich selbst und seinen Prinzipien treu bleiben!
- Ich habe noch nie in meinem Leben einen Menschen beschimpft oder ihm gar bewusst Schaden zugefügt. Das soll auch im Wahlkampf so bleiben, obwohl es bestimmt genug Gelegenheiten dazu geben wird.

Aus eigener Erfahrung weiss ich nämlich: Wenn die sachlichen Argumente fehlen, geht man zum persönlichen Angriff über. Der Angreifer möchte damit Punkte sammeln, um selber in einem besseren Licht dazustehen. Oder anders gesagt: Man versucht andere Menschen zu erniedrigen und schlecht zu machen, um selbst grösser und besser zu erscheinen. So einfach ist das. Und diese Regel gilt nicht nur für den Wahlkampf, sondern auch für das normale Leben. Doch derartige Spiele mache ich grundsätzlich nicht mit! Ich hatte mich entschlossen, einen seriösen Wahlkampf zu führen und nur das zu versprechen, was ich auch glaube einhalten zu können. Meine wichtigsten Themen im Wahlkampf waren aufgrund meines bisherigen Werdegangs die traditionellen Werte der Schweiz: Freiheit und Unabhängigkeit (kein EU-Beitritt); die Stärkung der Volksrechte; kontrollierte Einwanderung; mehr Sicherheit und die Ablehnung von Grossfusionen. Die Wählerinnen und Wähler können sich auf mich verlassen: Bis heute setze ich mich persönlich und im Nationalrat vehement für diese Themen ein – nach bestem Wissen und Gewissen.

Nun bin ich also im Nationalrat, als erste SVP-Frau des Kantons Luzern. Aber ich bin doch immer noch der gleiche Mensch. Viele Reaktionen aus meiner Umwelt konnte ich deshalb nur schwer verstehen. Ich fühlte mich weder wichtiger noch interessanter. Es war doch lediglich das Amt, das ich dank meiner Wähler neu bekleiden durfte, und nicht meine Person, die das plötzliche Interesse auslöste! Oder doch? Menschen kamen spontan über die Strasse gelaufen, erkannten mich und grüssten oder gratulierten freundlich. Einige, die mich früher ignorierten, waren plötzlich sehr nett, andere wiederum grüssen mich seit meiner Wahl nicht mehr. Auch dafür habe ich Verständnis!

Plötzlich war ich auch für viele Firmen interessant. Alle wollten für mich tätig sein: Werbefirmen, PR-Berater, Politberater, »Insider«. Es ging z. B. bei Sachthemen darum, Dokumente und Unterlagen zu erstellen. Aber auch darum, Statements für verschiedene Themen zu erarbeiten, um »politische Begleitung und Beratung«, um Redenschreiben usw. Es ist für mich aber unverständlich, dass ein Politiker für sich selbst eine

Mit SVP-Nationalratspräsident Hansjörg Walter, 2012

(Foto: Philipp Zinniker)

Rede von jemand anderem schreiben lässt, obwohl das auch grosse Politiker wie US-Präsident Obama praktizieren. Über ein Thema, das ich für wichtig halte und für das ich mich engagiere, kann ich auch eine entsprechende Rede halten. Deshalb habe ich all diese Angebote abgelehnt.

Besonders wichtig für mich waren und sind meine Familie, Freunde und Bekannte, die auch zuvor, ohne den Titel Nationalrat, zu mir standen. Sie reagierten sehr positiv, aber sonst blieb das Verhältnis genau gleich. So soll es sein. Ich möchte auch in Zukunft eine einfache und normale Person bleiben, die eng mit dem Volk verbunden ist und deren Interessen vertritt.

Verdirbt Politik den Charakter?

Ja, sagt man im Volksmund. Leider musste ich feststellen, dass sich einige Personen schon im Grossen Rat bereits nach wenigen Monaten durch ihr Amt stark veränderten. Die Gefahr besteht natürlich, dass man sich plötzlich für etwas Besonderes hält. Dies trifft noch viel mehr auf Nationalräte zu. Sie werden zu vielen Veranstaltungen und speziellen Events eingeladen, auch als Ehrengäste. Die Medien fragen sie nach ihrer Meinung. Als VIPs werden sie von Firmen und Institutionen hofiert und stehen im Mittelpunkt. Und plötzlich fühlen sich einige Parlamentarier als Auserwählte und vergessen, dass sie vom Volk als dessen Vertreter für einen bestimmten Zeitraum gewählt wurden!

Wir sind vom Volk gewählt und haben die Aufgabe, die Interessen unseres Landes und der Wähler zu vertreten. Ich habe deshalb nach meiner Wahl den lieben Gott gebeten, er möge mir die Kraft geben, dass ich mich nicht negativ verändere, sondern so bleibe, wie ich bin. Das ist mir auch – glaube ich – bis jetzt ganz gut gelungen. Ausserdem habe ich bis heute kein Verwaltungsratsmandat angenommen und bin auch keiner Lobby verpflichtet. So bin ich unabhängig in meinen Entscheidungen.

Auch mit der eigenen Partei ist man nicht immer in allem einverstanden. Beim »Gentech-Moratorium« z. B. stimmte ich mit »Ja«, weil ich keine gentechnisch veränderten Pflanzen in der Schweiz haben möchte. Den grossen Nahrungsmittelproduzenten können wir ohnehin nicht die Stirn bieten und deshalb ist eine gentech-freie Landwirtschaft für uns enorm wichtig.

Montag, 3. Dezember 2007. Auf dem Weg zur ersten Sessionswoche nach Bern begleiteten mich einige SVP-Frauen und Kolleginnen. Es herrschte Aufbruchstimmung. Im »Intercity« war auch ein Fernsehteam des Regionalsenders »Tele Tell« mit dabei und stellte mir aktuelle Fragen zur bevorstehenden Session (Film-Beitrag unter *www.estermann-tv.ch*). Ein gemeinsames Mittagessen in Bern, organisiert von Rita Gygax, Präsidentin der »SVP-Frauen Schweiz«, schmeckte allen Anwesenden besonders gut. Es gab Kürbiscrème-Suppe, Pouletbrüstli mit Gemüse und Kartoffeln. Danach einen Kaffee. Angeregte Diskussionen begleiteten den Schmaus und alle waren gespannt, wie die erste Sitzung der 48. Legislatur wohl verlaufen würde.

Das festlich geschmückte Bundeshaus hatte die Pforten für seine Besucher weit geöffnet. Leider konnte es aber nicht alle Personen aufnehmen, die den ersten Tag der neuen Session persönlich auf der Tribüne miterleben wollten. Zu gross war der Ansturm.

Wie die »Schweizer Illustrierte« bereits angekündigt hatte, schlüpfte ich zur Vereidigung in die Luzerner Sonntagstracht. Ein wichtiges Signal nach aussen: Wir von der SVP bekennen uns zur Tradition und zu unserem Kanton! Deshalb liebe Frauen: Trauen Sie sich und nehmen Sie bei passender Gelegenheit ihre Tracht aus dem Schrank! Die Tageszeitung »Blick« brachte übrigens nachfolgend eine Beurteilung der Garderoben der Parlamentarier und meine Tracht erhielt dabei die Note 6. Einige Jahre später war ich damit nicht mehr allein. Anlässlich eines Trachtentages erschienen zwanzig Parlamentarier in einer Tracht. Es freute mich ausserordentlich, dass mein Aufruf zur Tradition solche Früchte hervorbrachte!

Die Vereidigung im Nationalrat war für mich ein festlicher Akt. Ich war sehr berührt und zugleich dankbar, dass ich diese erhebende Zeremonie erleben durfte! Die Eidesformel ist für mich nicht nur eine Floskel, sondern eine dauernde Verpflichtung:

»Ich schwöre vor Gott dem Allmächtigen, die Verfassung und die Gesetze zu beachten und die Pflichten meines Amtes gewissenhaft zu erfüllen!«

Ein stilles »Danke« erfüllte mein Herz und wenn es so etwas wie ein Credo meiner politischen Arbeit geben würde, dann möchte ich dazu sagen: »Was ich politisch denke, das sage ich auch, und was ich sage, versuche ich in die Tat umzusetzen.«

Es war für mich auch etwas Besonderes, dass ich im Namen der SVP-Fraktion an jenem Tag dem neu gewählten Nationalratspräsidenten Andre Bugnon feierlich einen Blumenstrauss überreichen durfte! Es folgten viele Begegnungen mit alten und neuen Kollegen, Glückwünsche und persönliche Gespräche. Viel Zeit für weitere Feierlichkeiten blieb allerdings nicht, denn noch am gleichen Tag begann die Session. Das Arbeitstempo im Nationalrat ist sehr hoch, verglichen mit dem Grossen Rat in Luzern. Die Abstimmungen erfolgen schnell hintereinander. Damit die Nationalräte wenn möglich keine Abstimmung verpassen, trägt jeder einen kleinen Melder (Pager) bei sich, der kurz vor einer Abstimmung vibriert. Doch schon nach wenigen Tagen hatte ich mich an das neue Arbeitstempo in Bern gewöhnt.

Ebenfalls in die erste Sessionswoche fiel eine weitere Entscheidung. Zu meiner grossen Überraschung wurde ich als Vizepräsidentin der eidgenössischen SVP-Bundeshaus-Fraktion vorgeschlagen und auch gewählt. Das war für mich eine zusätzliche Verpflichtung, für die Partei mein Bestes zu geben und dem in mich gesetzten Vertrauen gerecht zu werden! Ich kam nach der ersten Woche in Bern erschöpft, aber zufrieden nach Hause. Über das Wochenende konnte ich mich gut erholen. Und das war wichtig, denn es nahte eine weniger gute Woche …

Mittwoch, 12. Dezember 2007, der Tag der Bundesratswahl war gekommen. Um es vorwegzunehmen: Ich hatte nicht geglaubt, dass sich die Mehrheit des neu gewählten Parlaments gegen Christoph Blocher entscheiden würde. Doch eine Koalition von CVP/SP/Grüne sowie Teile der FDP wählten die praktisch unbekannte Evelyne Widmer-Schlumpf zur neuen Bundesrätin! Das hat mich sehr enttäuscht. Die Abwahl von Christoph Blocher war ein rein politischer Akt. Kaum ein Bundesrat konnte je einen derartigen Leistungsausweis vorlegen und keiner hatte so viel für unser Land getan wie er. Ohne ihn wären wir mit Sicherheit längst in der EU. Doch sein Einsatz wurde nicht honoriert.

Damit wir uns richtig verstehen: Es geht dabei überhaupt nicht in erster Linie um die Person von Christoph Blocher, sondern um die Art und Weise, wie diese Abwahl und Neuwahl eines Bundesrates zustandekam! Das Ereignis beschäftigte die ganze Schweiz und viele Menschen bis heute. Ganz besonders, nachdem das Schweizer Fernsehen einen Film über die Machenschaften und »Hinterhofaktivitäten« gewisser Parlamentarier aufdeckte. Sie sind einfach eines demokratischen Parlaments unwürdig!

So erlebte ich als frisch gewählte Nationalrätin hautnah die Abwahl eines Bundesrates und habe diesbezüglich auch einige dieser »strategischen Gespräche« mitbekommen. Die Intrigen und hinterhältigen Abmachungen der Parteien untereinander und die offensichtlichen Lügen der Parlamentarier, die im Hintergrund die Strippen zogen, haben mein Vertrauen in das Parlament gleich zu Anfang auf eine harte Probe gestellt. Ja, mehr noch, die Glaubwürdigkeit der ganzen Politik wurde für mich infrage gestellt. Dass es Parlamentarier gibt, die eine derartige Unehrlichkeit an den Tag legen, indem sie jemandem ins Gesicht sagen, was sie tun werden, und dann doch genau das Gegenteil machen, hat mich sehr erstaunt und enttäuscht.

Was soll man von solchen Politikern halten? Für mich bilden immer noch Glaubwürdigkeit und Ehrlichkeit das Fundament eines Politikers, obwohl diese Eigenschaften heute bald Seltenheitswert haben!

Man kann heute über diese Abwahl und Neuwahl denken, wie man will. Für mich stehen immer die Interessen der Bevölkerung und die unseres Landes im Mittelpunkt. Und so frage ich mich heute ganz einfach und neutral: Hat die Abwahl von Christoph Blocher und die Neuwahl von Evelyne Widmer-Schlumpf für die Schweiz oder das Wohl der Bevölkerung etwas gebracht? Ist die Zusammenarbeit im Bundesrat dadurch besser und harmonischer geworden? Hat der Bundesrat im Volk jetzt eine grössere Glaubwürdigkeit? Und hat die Schweiz in dieser neuen Besetzung nun »bessere Karten« betreffend der EU und den USA beim Steuerstreit, beim Bankkundengeheimnis oder im Hinblick auf den Wirtschaftsstandort Schweiz? Ich meine nein, doch darauf muss jeder Schweizer Bürger für sich selbst eine Antwort finden!

Was bedeuteten nun diese Ereignisse für mich persönlich? Ganz einfach: Das Leben ging weiter und neue Aufgaben warteten auf mich! Auch politisch gesehen bedeutete die Abwahl von Christoph Blocher für mich keine Umstellung. Mit oder ohne zweifache Vertretung im Bundesrat setzte ich mich auch weiterhin bei allen Sachvorlagen für die Sicherheit unseres Landes, für Wohlstand, Freiheit, Souveränität und Unabhängigkeit ein.

Am 11. Dezember 2008 wurde dann Ueli Maurer (SVP) als 111. Person in den Bundesrat gewählt. Das freute mich besonders. Ich kenne ihn schon sehr lange persönlich und er hat mich als Politiker und als Mensch immer sehr beeindruckt. Viele andere Politiker sind menschlich leider – gelinde gesagt – eine schwere Enttäuschung, wenn man sie näher kennenlernt.

Ich reichte in der damals laufenden Legislaturperiode mehrere Motionen und Interpellationen ein. Darunter auch über »Scheinselbständige« und »ICH-AGs«. Eine ganze Reihe von Firmen hatten mich auf die Problematik aufmerksam gemacht: Laufend kamen Unternehmer aus der EU in die Schweiz und arbeiteten hier zu Dumpinglöhnen. Über 1000 waren damals allein im Kanton Luzern aktiv! Dank der Personenfreizügigkeit mussten sie sich nicht an die hier üblichen Lohn- und Anstellungsbedingungen halten. Sie konkurrenzierten deshalb massiv unser einheimisches Gewerbe. Am 16. Juni 2011 reichte ich im Parlament eine entsprechende Motion ein und erhielt dafür Unterschriften von vier verschiedenen Parteien. Der Bundesrat sagte »Ja« zu meiner Motion. Offenbar hatten die zuständigen Behörden den Handlungsbedarf erkannt.

In diesen Zeitraum fielen auch einige wichtige Volksabstimmungen. Es war mir schon klar, dass nicht alle Vorlagen, für die ich mich engagierte, beim Volk eine Mehrheit finden würden. Trotzdem – oder gerade deshalb – ist es auch in Zukunft wichtig, sich für solche Themen einzusetzen, statt einfach tatenlos zuzusehen, wie Freiheiten und Werte verloren gehen. Schweizweit setzte ich mich damals für gegen die Initiative »Schutz vor Waffengewalt« ein, die von der politisch linken Seite lanciert wurde. Als aktive Schützin und Mitglied der »Stadtschützen Luzern« lag mir diese Initiative besonders am

Herzen. Mein starkes Engagement in dieser Sache hatte auch mit einem persönlichen Erlebnis zu tun.

Als ich seinerzeit zum ersten Mal in die Schweiz kam, sah ich an einem Bahnhof junge Männer mit einem Gewehr in der Hand. Ich erschrak. Mein heutiger Mann beruhigte mich aber und erklärte mir, dass wir nicht angegriffen würden und dass auch nichts passiert sei. Es wäre in der Schweiz üblich, dass Angehörige der Armee ihre persönliche Waffe mit nach Hause nehmen könnten. Welches Land bringt heute noch so viel Vertrauen gegenüber ihren Männern und Frauen auf, dass es diese mit einer Waffe aus dem Dienst nach Hause entlässt?

Dr. iur. Peter Studer, Präsident der Stadtschützen Luzern, anlässlich der Eröffnung der neuen Indoor-Anlage 2013   *(Foto: Schiessen Schweiz)*

Für mich, die im totalitären Regime der sozialistischen Tschechoslowakei aufgewachsen ist, ein unglaubliches Erlebnis. In meiner früheren Heimat war es unvorstellbar, dass ein Soldat seine Waffe oder sogar Munition mit nach Hause nehmen konnte. Man hatte Angst, die Soldaten könnten sich damit gegen das Regime zur Wehr setzen. Wohl zu recht! Und jetzt kam bei uns in der Schweiz eine Initiative »Schutz vor Waffengewalt«, bei der es ja letztlich ganz klar um die Abschaffung der Armee beziehungsweise um deren Entwaffnung ging. Auch das Volk erkannte diesen Zusammenhang richtig und wollte seine persönliche Freiheit, das Recht auf Waffenbesitz, nicht aufgeben. Die Initiative wurde deshalb vom Volk am 13. Februar 2011 mit 56,3 Prozent abgelehnt.

Aber auch andere Abstimmungen unterstützte ich mit einem starken, persönlichen Engagement in der Öffentlichkeit und in den Medien. So z. B.

- die umstrittene Weiterführung der Personenfreizügigkeit und deren Ausdehnung auf Bulgarien und Rumänien. Die Delegierten der SVP Schweiz sprachen sich zuerst gegen ein Referendum aus. Darauf ergriff die JSVP trotzdem das Referendum, weil damit zwei ganz unterschiedliche Vorlagen miteinander verknüpft wurden. Ich unterstützte die JSVP und sammelte persönlich viele Unterschriften. Die Vorlage wurde am 8. Februar 2009 vom Volk mit 59,62 Prozent angenommen.

- die Abstimmung über die Komplementärmedizin. Homöopathie, Phytotherapie, Neuraltherapie, anthroposophische und chinesische Medizin (TCM) sollen in die Grundversicherung aufgenommen werden und müssen nach meiner Meinung für jedermann zugänglich sein. Das war mir ein sehr wichtiges Anliegen und mein Engagement deshalb entsprechend gross. 67 Prozent der Bevölkerung sagten am 17. Mai 2009 auch »Ja« zur Komplementärmedizin!

Auch andere Aktivitäten gab es in dieser Legislatur zu verzeichnen. So gründete ich am 17. März 2010 die parlamentarische Gruppe »Schweiz-Slowakei«, um die beiden Länder einander etwas näherzubringen. Es ging aber auch darum, die wirtschaftlichen, kulturellen und gesellschaftlichen Beziehungen zu intensivieren. Ich konnte als Präsidentin 35 National- und Ständeräte aus den Parteien CVP, FDP, SP, SVP und Grüne als Mitglieder für die Gruppe gewinnen. Bereits einige Zeit später besuchte ich auf Einladung mit einer Gruppe das slowakische Parlament in Bratislava, wo wir vom dortigen Parlamentspräsidenten Nationalrat Richard Sulik empfangen wurden.

Ein wichtiges und spezielles Ereignis für mich war auch die Gründung der Gruppe »Neue Heimat Schweiz«. Es gibt in der Schweiz natürlich nicht nur Ausländer, die uns Probleme machen, sondern im Gegenteil eine grosse Mehrheit tadellos integrierter Personen. Aber auch eingebürgerte Ausländer, die für die Werte der Schweiz einstehen. Es sind dies diejenigen, die sich an unsere Rechtsordnung halten, nicht kriminell werden, ihre Steuern bezahlen und am meisten unter dem schlechten Image leiden, das ihnen z. B. durch kriminelle Landsleute zugefügt wird. Diese Personen wollte ich schon seit langer Zeit in einer Gruppe zusammenführen.

An einem Pfingstsamstag, dem 22. Mai 2010, trafen sich bei strahlendem Sonnenschein unter der Bundeshauskuppel über 60 Personen zu ihrer ersten Arbeitssitzung. Anwesend war auch Parteipräsident und Nationalrat Toni Brunner. Es ging darum, gewissermassen ein Gefäss zu bilden, das die gut integrierten Ausländer – mit oder ohne Schweizerpass – vereint. »Wollen wir eine solche Gruppe gründen?«, fragte ich die Teilnehmer. »Ja«, sagten alle Anwesenden einstimmig.

Die Gründung der Gruppe »Neue Heimat Schweiz« erhielt ein grosses positives Echo im In- und Ausland. Nach der Gründung einer weiteren Gruppe im Tessin erfolgte im Herbst 2013 ein zusätzlicher Meilenstein: die Gründung der ersten überparteilichen Kantonalsektion »Neue Heimat Zug!« Der Präsident des neuen Vereins, Niko Trlin (niko.trlin@gmail.com), lädt alle Interessierten herzlich zur Mitgliedschaft ein!

In der Zwischenzeit entstanden in einigen Kantonen auch Untergruppen, alle mit dem gemeinsamen Ziel, sich für die Werte der Schweiz zu engagieren und einzusetzen!

Frauen zurück an den Herd?

Wie oft haben wir diesen Satz schon hören müssen, oft als Witz oder bewusst als Spott gedacht. »Sie wollen mit ihrer Politik die Frauen zurück an den Herd schicken!« So tönt es ab und zu in Wortgefechten bei politischen Veranstaltungen. Will ich das? Dreimal nein!

Aber ich bin der Meinung, dass es die Frau ist, die nicht nur die Aufgaben der Mutterschaft, sondern auch die der Kindererziehung in unserer modernen Gesellschaft übernehmen soll. Sie ist es, die Leben schenkt und sie ist es auch, die für die Betreuung der kleinen Wesen am besten geeignet ist. Niemand kann die eigene Mutter ersetzen: weder eine andere Frau noch ein Mann!

Die ersten vier Jahre im Leben eines Kindes sind die wichtigsten. In dieser Zeit ist die Kinderbetreuung durch die eigene Mutter besonders wertvoll. Nicht nur für das Kind, sondern auch für die Mutter. Wer sich diese Zeit nehmen kann, sollte es unbedingt tun. Die Kinder werden sehr schnell erwachsen und gehen dann ihren eigenen Weg. Dabei zu sein, wenn sie ihren Lebensweg beginnen und mitzuerleben, wie sie ihre ersten Schritte gehen, ist die Zeit, die keine Mutter missen möchte. Kinder wünschen sich, dass Mama und Papa immer anwesend sind und ihre Grundbedürfnisse stillen, nämlich das Bedürfnis nach Sicherheit, Geborgenheit und Liebe!

Eine ständige Präsenz der Eltern ist aber leider oft nur ganz selten möglich. Aber was irgendwie möglich ist, sollten wir tun. Wir sollten als Eltern unseren Kindern das Beste mitgeben und einfach für sie da sein, wann immer es geht. Frauen, die sich bewusst eine Auszeit für Kinder und Familie nehmen, erleben diese einmalige Zeit besonders intensiv. Sie vermittelt ihnen Kraft und Lebensweisheit aus erster Hand. Kein Seminar, keine Referate oder Kurse können die unmittelbaren Erfahrungen einer Mutter ersetzen!

Das Anforderungsprofil an ein Mitglied unserer Gesellschaft steigt unaufhörlich. Auch bei uns Frauen. Ein trauriges

Opfer unserer Komfortgesellschaft ist vor allem die Frau, die sich vorrangig für die Mutterrolle entschieden hat. Die Frau, die keine »gesellschaftlich wertvolle Tätigkeit« angeben kann, wird benachteiligt. Der 24-Stunden-Einsatz einer Mutter wird von der Gesellschaft zu wenig geschätzt oder einfach negiert. Nur wer zur Arbeit geht und Geld verdient, ist wertvoll. Es braucht einen Lohn und eine Steuererklärung. Sonst scheint Arbeit für viele Leute nicht zu existieren. Die Arbeit einer Mutter zu Hause lässt sich aber nicht ohne Weiteres in Zahlen ausdrücken. Immaterielle Werte und Erfahrungen lassen sich nun mal nicht in Steuererklärungen wiedergeben.

Gestern hiess der Beruf noch »Hausfrau«, heute heisst er »Mutter aus Leidenschaft«. Mutter zu sein ist offenbar bald ein Luxus, den sich nur noch Privilegierte leisten können. Dazu kommt das Streben einiger politischer Kreise, das bekannte »sozialistische Erziehungsmodell des Ostens« für die Kinderbetreuung auch bei uns einzuführen.

Der reale Sozialismus, in dem ich aufgewachsen bin, strebte danach, die Frau so zu organisieren, dass sie genau das machte, was man von ihr wollte. Sie sollte Kinder haben, aber den Beruf trotzdem weiter ausüben. Ihre Kinder sollte sie fremden Menschen, dem Staat überlassen, also einer Kinderkrippe oder einem Kindergarten. Die Realisierung dieses Erziehungsmodells ist dem Sozialismus auch einigermassen gelungen, werden viele sagen. Ja, das stimmt. Aber es gab da einen enorm wichtigen Punkt, der zumeist unberücksichtigt bleibt: die Planwirtschaft im damaligen Ostblock! Sie kannte praktisch keinen Leistungsdruck und jeder bekam einen Arbeitsplatz. Die Sicherheit, eine Arbeit zu haben, egal, ob eine entsprechende Leistung erbracht wurde oder nicht, gab den Menschen eine gewisse Gelassenheit. Aus dieser Zeit stammt auch die Anekdote: Wenn fünf Personen für eine Beschäftigung angestellt waren, arbeiteten zwei davon.

Wenn man heute mit Menschen ehemaliger Ostblockstaaten spricht, kommt deshalb bei vielen eine gewisse Wehmut zum Vorschein. Sie sehnen sich nach dieser teilweise sorglosen Zeit zurück. Man hatte für jede Arbeit genügend Zeit und niemand musste sich vor Arbeitslosigkeit fürchten. Die Lohnverhältnisse waren zwar bescheiden, dafür waren aber auch die Ausgaben für Miete, Krankenkasse, Schulen etc. nicht hoch. Dass die Freiheit stark eingeschränkt war, störte viele Menschen nur wenig, oder sie fanden sich mit der Situation ab.

So war es damals bei uns in der CSSR: Alle mussten eine Beschäftigung haben. Wenn kein Arbeitsplatz für eine bestimmte Person vorhanden war, wurde einfach einer geschaffen. Ohne zu überlegen, ob er notwendig war oder nicht. »Vollbeschäftigung um jeden Preis«, lautete die Losung.

Die Folgen dieses Systems zeigte uns dann aber der Zusammenbruch des Ostblocks in aller Deutlichkeit. Das System funktioniert vermutlich nur in einer abgeschotteten und in sich geschlossenen Gesellschaft. Und auch dann nicht auf Dauer. Ist nur eine Spur von Wettbewerb vorhanden, versagt das gesamte System.

Ganz im Gegensatz dazu steht unsere heutige, westliche Gesellschaft. Sie verlangt von ihren Arbeitnehmern immer eine hundertprozentige Leistung. Arbeiten müssen in einem bestimmten Zeitraum erledigt werden. Und kein Arbeitgeber kann es sich leisten, Mitarbeiter zu beschäftigen, nur um der Beschäftigung willen. Überdies gibt es eine harte Konkurrenz im In- und Ausland. Und durch die Globalisierung steigt der Druck auf die einzelne Person weiter.

In dieser Umwelt soll eine Frau alle Aufgaben – Haus, Familie, Beruf – gleichzeitig, zufriedenstellend, pünktlich, genau und mit grossem Enthusiasmus erfüllen. Dabei muss eine Frau in der Wirtschaft auch noch mehr leisten als ein Mann, will sie sich auf ihrem Platz behaupten. Eine Art Superfrau ist also verlangt: Sie kann alles, sie schafft alles, sie sieht gut aus und dabei soll sie auch noch humorvoll und sexy sein.

Verabschieden wir uns vom Mythos dieser Superfrau. Es gibt sie nicht! Die heutige Superfrau ist eine ganz normale Frau, die arbeitet, den Haushalt managt und für die Kinderbetreuung zuständig ist. Und sie lässt die Welt über sie das glauben, was sie glauben will!

Und wenn wir hier schon von »Superfrauen« sprechen: Nach meiner Meinung kann eine Frau wirklich alles erreichen, was sie erreichen möchte. Aber immer zum richtigen Zeitpunkt! Es geht ums Prioritäten-setzen. Es gibt eine gute Zeit zum Kinderkriegen und es gibt auch eine gute Zeit, um sich dem Beruf oder einer Tätigkeit mit vollem Einsatz zu widmen. Wir sollten uns aber von dem Glauben verabschieden, dass man alles gleichzeitig machen und haben kann. Das gibt es auf Dauer leider nicht, denn irgend etwas bleibt immer auf der Strecke.

Wenn das Ideal »Superfrau« nicht so funktioniert, wie wir uns das vorstellen, geben wir die Schuld gerne jemand anderem oder irgendeinem Umstand. Zugeben, dass ihr die Belastung einfach zu gross ist, wird keine Frau. Ja, eine Zeit lang können wir alles machen: wenig schlafen, viel arbeiten, ungesund essen, wenig Bewegung haben und unter Dauerstress stehen. Nach einiger Zeit beginnt aber der feine Mechanismus in unserem Körper zu rebellieren, denn er vergisst unsere Sünden nicht. Und eines Tages sagt er uns ganz deutlich:»Jetzt reicht es!«

Studien belegen: Seitdem die Frauen einer Mehrfachbelastung durch Familie und Beruf ausgesetzt sind, sinkt ihr durchschnittliches Lebensalter und nähert sich der Lebenserwartung der Männer an! Also Vorsicht! Überlegen Sie sich vorher gut, was Sie wollen, denn ein anspruchsvoller Beruf oder auch eine intensive politische Tätigkeit verlangen nicht selten ihren Tribut.

Geschäftsfrauen und Politikerinnen sind auch viel ausser Haus. Deshalb müssen sie sich innerhalb der Familie für diese Zeit organisieren oder es ist eine auswärtige Hilfe notwendig. So geschieht es leider, dass ihre Kinder plötzlich gross werden, ohne dass sie ihr Heranwachsen mitbekommen! Es ist traurig, später sagen zu müssen, dass wir die schönste Zeit mit unseren eigenen Kindern verpasst haben. Diese Zeit gibt es nur einmal – sie kommt nie wieder!

Ja, von uns Frauen wird viel erwartet und viel verlangt. Besonders betroffen macht es mich, wenn die Beziehung der Eltern nicht mehr so funktioniert, wie es sein sollte. Die alleinerziehende Mutter oder der alleinerziehende Vater sind leider schon längst kein Sonderfall mehr. Es wird immer schwieriger, unseren Kindern eine intakte familiäre und harmonische Umgebung zu bieten.

Dazu kommt als Wermutstropfen die Gefahr einer zunehmenden Anonymisierung der Gesellschaft. Vor allem in den

Städten. Wenn jemand Hilfe braucht, schaut man lieber weg. Besonders schockierend, wenn Menschen sterben und manchmal erst nach Monaten in ihrer Wohnung gefunden werden.

Junge Leute und junge Paare wollen gern allein sein. Das ist verständlich. Was ihnen aber oft fehlt, ist eine beratende, helfende ältere Person ihres Vertrauens und mit Lebenserfahrung. Das gab es in Grossfamilien zu früheren Zeiten. Immer wenn es nötig wurde, war jemand da. Den ruhigen und zufriedenen Grossvater, der genügend Zeit hätte für eine solche Aufgabe, gibt es heute praktisch nicht mehr. Ebensowenig die »weise Frau«, die Grossmutter als ruhenden Pol der Familie. Alle müssen ständig irgendwohin oder irgend etwas tun und sind unablässig aktiv. Viele hantieren permanent mit dem Handy, joggen oder sitzen vor dem Computer. Nur noch ganz wenige ältere Personen haben die Musse, ihren Enkelkindern »Geschichten zu erzählen und Äpfel zu schälen«, wie es Karel Gott in seiner »Babicka« besingt.

Auch der Staat versucht, die Grosseltern als eine mögliche Familienhilfe abzuschaffen. Soll heute eine Frau, die selber mehrere Kinder grossgezogen hat, tatsächlich eine Schule mit Diplomabschluss absolvieren, um auf ihre Enkelkinder einige Stunden in der Woche aufzupassen? Ja, solche Bestrebungen gab es in bestimmten politischen Kreisen tatsächlich, auch hier in der Schweiz. Was für eine verkehrte Welt!

Aber eines ist klar: Die erzieherische Tätigkeit einer Mutter muss in der Gesellschaft einen höheren Stellenwert erhalten. Ihre Arbeit muss aufgewertet und auch entsprechend entlohnt werden! Ein erster Schritt in diese Richtung war nach meiner

Meinung die »Familien-Initiative« der SVP, die am 24. November 2013 zur Abstimmung an die Urne kam. Um was ging es? Familien, die eine Kinderbetreuung ausserhalb der Familie in Anspruch nehmen, werden steuerlich entlastet. Die Familien, die ihre Kinder aber selbst betreuen, haben kein Anrecht auf steuerliche Entlastung. Diese Ungerechtigkeit sollte endlich beendet werden!

Alle Parteien geben sich immer familienfreundlich und alle wollen etwas für die Familie tun. Doch sämtliche Parteien waren gegen die Familien-Initiative. Warum? Sie hatte einen einzigen Fehler: Sie kam von der SVP und darum musste sie bekämpft werden! Ich war trotzdem sehr engagiert, machte Plakataktionen, beteiligte mich an mehreren Podien, auf denen ich für die Initiative warb und veröffentlichte Artikel in den Medien. Leider wurde das Vorhaben vom Volk mit 58,5 Prozent abgelehnt. Nichtsdestotrotz werde ich mich weiterhin bei jeder Gelegenheit – und auch bei kommenden Abstimmungen – für die Familie einsetzen!

Noch ein Wort zu den »Quotenfrauen«. Wir Frauen sind keine Mauerblümchen und keine frustrierten Emanzen. Wir stehen für Werte, die unser Land stark gemacht haben. Wir brauchen keine Frauenquoten, die uns portieren. Quoten können nur Frauen fordern, die ein falsches Bild von Frauen vermittelt bekamen oder von sich selber nicht restlos überzeugt sind. Sie denken, dass sie nicht stark oder nicht gut genug sind, um eine Stelle oder eine Position ohne staatlich verordnete Quote zu besetzen. Von Quoten zu sprechen, ist deshalb eine Beleidigung für jede selbstbewusste Frau!

Starke Frauen brauchen keine Quoten. Sie profilieren sich durch Wissen und Können und gehen eigenständig ihren Weg!

Frauen – ein schwaches Geschlecht? Ein zartes Geschöpf, das behütet und geschützt werden muss? Stimmt diese Aussage? Für mich nicht! Die Frau ist von Natur aus robuster und widerstandsfähiger als ein Mann. Da wir Frauen Leben schenken, sind wir für mindestens zwei Leben gebaut. Die Natur hat es so vorgesehen.

Und merken wir uns: Gegen das Streben einer Frau, die sich ihrer Stärken bewusst ist und weiss, was sie will, ist kein Kraut gewachsen. Lassen Sie sich nicht einreden, dass Sie schwach sind! Das sind nur Manipulationsversuche, denn eine schwache Frau ist wesentlich leichter zu beeinflussen als eine starke, selbstbewusste Frau!

Wofür ich mich einsetze

Ich wusste schon als Kind, dass Begriffe wie Freiheit, Unabhängigkeit oder Selbstbestimmung nicht im Parteibuch der damaligen sozialistischen Partei zu finden sind. Und die unter kommunistischer Herrschaft und von Moskau gestützte Regierung in Prag und Bratislava liebte es, ihre Macht voll auszuspielen. Das diktatorische Regime in der CSSR dauerte bis 1989. Dann kam im November die »Sanftene Revolution«. Inmitten meines Medizinstudiums fiel in Berlin die Mauer und bei uns der »Eiserne Vorhang«. Die Hoffnung auf Freiheit und Unabhängigkeit, die viele Menschen schon aufgegeben hatten, blühte wieder auf und mühsam eroberte sich der junge Staat Slowakei seinen Platz in dieser Welt.

1993 kam ich in die Schweiz, um hier zu leben und zu arbeiten. In meiner Jugend- und Studentenzeit war die Schweiz immer ein Vorbild – das Land meiner Träume! Das Land, in dem alles perfekt läuft und einfach alles stimmt. Wenn bei uns in der damaligen CSSR etwas optimal lief oder funktionierte, sprachen wir deshalb von »schweizerischen Verhältnissen«!

Und nun stelle man sich vor: Ich komme in das »Traumland Schweiz« und stelle fest, dass hier tatsächlich Bestrebungen im Gang sind, die einmalige direkte Demokratie zu untergraben oder abzuschaffen! Obwohl das sozialistische System im gesamten Ostblock durch seinen kläglichen Zusammenbruch seine Unfähigkeit bewiesen hat, sind in der Schweiz Kräfte am Werk, die genau wieder in diese politische Richtung gehen. Diese Kräfte versuchen, die Vorteile und Errungenschaften unseres Landes, die in einem langen Zeitraum von über 160 Jahren vom Volk erkämpft wurden, wieder abzuschaffen.

Allen voran der »Club Helvetique«, der skurrile Club der Anti-Demokraten. Sein Ziel war die Aushebelung der Volksrechte. Man plante u. a. die Lancierung einer »Volksinitiative gegen Volksinitiativen«, bekam dann aber kalte Füsse. Eine ausführliche Information über den »vornehmen« Club, einen entsprechenden Artikel der »Weltwoche« und die erstaunliche Mitgliederliste findet man unter dem Titel »Der Wolf im Schafspelz« auf meiner Webseite *www.estermann-news.ch*.

Diese Entwicklungen waren für mich einfach unglaublich und, gelinde gesagt, eine riesige Enttäuschung. Ich kam zu dem Schluss: Dagegen muss ich etwas tun. Die Werte der Schweiz müssen unter allen Umständen erhalten bleiben!

Für die Schweiz ganz besonders wichtig ist die in der Welt einzigartige, direkte Demokratie. Ein Erfolgsmodell! Sie ermöglicht dem Bürger – durch Mitbestimmung von unten nach oben – direkten Einfluss auf das politische Geschehen unseres Landes zu nehmen. Das Volk ist der Souverän nach der Devise: Alle Macht geht vom Volk aus. Es entscheidet bei einer Volksabstimmung und es kann in der Praxis auch eine Initiative lancieren oder das Referendum ergreifen, wenn es mit einem Entscheid des Parlaments nicht einverstanden ist.

Unmittelbar verknüpft mit der direkten Demokratie sind Freiheit, Unabhängigkeit, Sicherheit, Stabilität und Neutralität. Sie gewährleisten der Schweiz Wohlstand und Konkurrenzfähigkeit für Unternehmen auf dem Weltmarkt. Dank Freiheit und politischer Mitbestimmung nimmt unser kleines Land in der Welt einen Spitzenplatz ein. Die freiheitliche Wirtschaftsordnung gestattet jedem, sich wirtschaftlich zu entfalten. Der föderalistische Staatsaufbau der Schweiz mit dezentralisierten Verantwortungsbereichen lässt keine übermächtige Zentralmacht entstehen.

In den folgenden Monaten führte ich intensive Gespräche mit Personen verschiedener Herkunft und Anschauungen. Es stellte sich heraus: Die Gründung einer gemeinnützigen Stiftung für den Erhalt der direkten Demokratie könnte von einer breiten Bevölkerungsschicht unterstützt und getragen werden. Denn die Schweiz muss in ihrer heutigen Form auf jeden Fall erhalten bleiben.

Am 12. Februar 2010 war es soweit. Die neue gemeinnützige Stiftung für den Erhalt der direkten Demokratie wurde aus der Taufe gehoben. Ihr Zweck ist praktisch mit meinen politischen Zielen identisch. Deshalb erhielt die Stiftung auch meinen Namen, und ich stehe umgekehrt mit meinem Namen hinter der Stiftung.

Zweck und Ziel der gemeinnützigen Stiftung:

- Die Erhaltung der Schweiz als unabhängiges, neutrales und souveränes Land in der Staatsform der direkten Demokratie.
- Die Stiftung organisiert oder unterstützt alle Bestrebungen, die diesem Zweck dienen, insbesondere Informationskampagnen, politische Aktionen, Veranstaltungen, Seminare, Vorträge, Podien etc.
- Die Stiftung zeichnet Personen, Institutionen, Organisationen oder Firmen aus, die sich um den Erhalt der direkten Demokratie oder um die Schweiz verdient gemacht haben.

Die Stiftung setzt sich ausserdem ein:

- für einen sicheren und erfolgreichen Wirtschafts- und Unternehmensstandort Schweiz
- für den Föderalismus und eine freiheitliche Wirtschaftsordnung
- für eine starke Milizarmee zum Schutz unseres Landes und seiner Bevölkerung
- für eine eigenständige, schweizerische Rechtsordnung
- für Eigenverantwortung und persönliches Engagement
- für den Erhalt der christlich-abendländischen, kulturellen und traditionellen Werte der Schweiz.

Die »Yvette Estermann Stiftung – Ein Herz für die Schweiz« untersteht der Kontrolle durch die Eidgenössische Stiftungsaufsicht in Bern und ist Mitglied von »Profonds«, dem Dachverband gemeinnütziger Stiftungen. Die Stiftung konnte in der Vergangenheit bereits einige erfolgreiche Veranstaltungen und Informationskampagnen durchführen. So auch mit dem bekannten Politologen Dr. sc. nat. Michael Hermann. Er sprach auf Einladung der Stiftung in der Bank Sarasin/Luzern über das Thema: »Die direkte Demokratie und ihre Auswirkungen auf den Wirtschaftsstandort Schweiz«.

Dass die Tätigkeit meiner Stiftung nicht allen gefällt, liegt auf der Hand. Insbesondere denjenigen nicht, die immer noch einen EU-Beitritt anstreben. Was ziemlich unglaublich ist, denn bei der letzten EU-Abstimmung über »sofortige Beitrittsverhandlungen« stimmten 76,8 Prozent der Schweizer Bevölkerung dagegen. Trotzdem gibt es immer noch bestimmte politische Kreise, die in aller Öffentlichkeit einen Beitritt propagieren. Dies ist nicht nur reine Zwängerei, sondern auch eine ganz krasse Missachtung des Volkswillens!

Diesen bestimmten politischen Kreisen ist die neue gemeinnützige Stiftung natürlich ein Dorn im Auge. Sie versuchten deshalb, die Institution zu diffamieren. Die Leute haben aber schnell gesehen, aus welcher Ecke der politisch motivierte Anschlag kam. Alle, die mich kennen, wussten, dass etwas Unseriöses absolut nicht zu meinem Wesen passt, und haben mich deshalb bei der Wiederwahl in den Nationalrat zusätzlich unterstützt. Die Eidgenössische Stiftungsaufsicht in Bern hat in ihren Rechenschaftsberichten bislang auch jedes Jahr festgestellt, dass in der nach mir benannten Stiftung keinerlei Ungereimtheiten aufgetreten sind. Und ich stehe auch weiterhin mit meinem Namen dafür ein!

Wir haben noch Grosses vor mit der Stiftung, doch ist dies auch immer eine Frage der Finanzen. Leider stehen uns nicht testamentarische Zuwendungen und Gönnerbeiträge in Millionenhöhe zur Verfügung wie einigen anderen Stiftungen. Ich freue mich deshalb über jede, auch die kleinste Spende.

Wer kannte ihn nicht, unseren Volksschauspieler Walter Roderer. Ein Star ohne Allüren, charmant, bescheiden, beliebt und immer gut für eine witzige Pointe. Unvergessen ist seine kleinkarierte Figur des Buchhalters »Nötzli« oder der »Mustergatte«, den er genau 1288-mal auf der Bühne spielte. Weniger bekannt ist seine tiefe Verbundenheit zur Schweiz. Er betonte immer wieder seine Liebe zum Heimatland und dass er stolz sei, in diesem wunderschönen Land leben zu dürfen. Und er erhob auch immer wieder den Zeigefinger: »Tragt Sorge zur Schweiz!«

Viele Leute überraschte er dann, als er sich 1992 gegen einen EWR-Beitritt der Schweiz wehrte. In ganzseitigen Inseraten in grossen Tageszeitungen brachte Rodi, wie er einfach genannt wurde, seine Meinung unmissverständlich zum Ausdruck: »Bei einem EWR-Beitritt steht die Weiterexistenz einer freien, eigenständigen Schweiz auf dem Spiel. Die Eigenständigkeit und Souveränität unseres Landes muss unter allen Umständen erhalten bleiben!« Für seine ehrliche Haltung zur Schweiz und seine Zivilcourage musste er herbe Schläge einstecken: finanzielle Einbussen und Drohungen. Zeitweise benötigte er für seine Auftritte Polizeischutz.

Mehrmals hatte ich zusammen mit Walter Roderer öffentliche Auftritte. So u. a. beim Zirkus »Nock« und wiederholt im Kultur- und Kongresszentrum Luzern. Was lag für die Yvette Estermann Stiftung näher, als diesen wunderbaren Volksschauspieler für sein Engagement zugunsten der Schweiz zu ehren?

Am 1. Juli 2011 fanden sich auf Schloss Schauensee in Kriens 50 geladene Gäste ein, um in einem gediegenen Ambiente der »Ehrenpreis-Verleihung« für Walter Roderer beizuwohnen. Das Interesse an der Feier war gewaltig. Leider wurden im Schloss aus feuerpolizeilichen Gründen nur maximal 50 Personen zugelassen. Darunter waren zahlreiche Vertreter der kantonalen und kommunalen Behörden sowie bekannte regionale Persönlichkeiten.

Es war mir eine grosse Ehre und ein besonderes Vergnügen, dem liebenswerten Zeitgenossen den Ehrenpreis meiner Stiftung zu überreichen. In seiner Laudatio wies der Vizepräsident der Stiftung, Dr. iur. Manuel Brandenberg, auf die Verdienste des Geehrten hin und erwähnte besonders sein damaliges Engagement gegen einen EWR-Beitritt. Musikalisch umrahmt wurde die Veranstaltung – mit Cello und Harfe – von Schülerinnen der Musikschule Kriens.

Ein sichtlich gerührter und strahlender Walter Roderer nahm aus meinen Händen die Verleihungsurkunde der Stiftung und den grossen Bergkristall entgegen. Er war von der tollen Stimmung im Saal überwältigt! Anschliessend führte ich mit ihm ein persönliches Interview. Rodi erzählte dabei mit viel Witz und Humor aus seinem Leben und erntete dafür stehende Ovationen. Es gibt Tage, an denen alles klappt und alles optimal läuft. Dieser 1. Juli war so ein Tag. Deshalb wird die rundum gelungene Veranstaltung den Besuchern noch lange als einmaliges Erlebnis in Erinnerung bleiben!

Walter Roderer war noch oft zu Gast in unserem Haus. Er schätzte meine würzige und schmackhafte Fleischsuppe und wir beide gemeinsam die geistreichen Gespräche. Man konnte mit ihm nämlich auch über sehr tiefsinnige Dinge reden.

Niemand hat geahnt, dass Rodi nicht mehr lange unter uns weilen sollte. Hat er es wohl geahnt? Jedenfalls sprachen wir mehrmals ausführlich über den Tod und das Leben danach. »Ich glaube an ein Leben nach dem Tod – wie immer es

Mein Freund, Volksschauspieler Walter Roderer, Ehrenpreisträger der »Yvette Estermann Stiftung«, bei der Verleihung des Schweizer Filmpreises Quartz 2012 im KKL Luzern (Foto: Hans Kaufmann)

auch aussieht – und bin sehr neugierig, was da kommt!«, sagte er mir noch bei seinem letzten Besuch. Nun hat er am 8. Mai 2012 unsere Welt verlassen und ist bereits »drüben« angekommen. In Erinnerung bleiben bei mir ein wunderbarer Mensch und unsere philosophisch-geistreichen Gespräche über Gott und die Welt!

Sie ist eine der grössten Erfindungen aller Zeiten und längst ein Kulturgut: die Glühlampe von Thomas Edison. Seit über 135 Jahren ist sie weltweit unser täglicher Begleiter. Sie begleitet die Menschen von der Wiege bis zum Grab und gibt uns nicht nur Licht, sondern umgibt uns auch mit Behaglichkeit und steigert unsere Lebensqualität. Die Glühlampe spendet uns warmes, lebendiges und angenehmes Licht und verströmt zudem eine wohlige Wärme im Raum. Sie sorgt für eine gemütliche Stimmung bei einem grossen Fest und lässt an Weihnachten die Augen unserer Kinder erstrahlen!

Seit dem 1. September 2012 werden von der EU Glühlampen durch die ungesunde Sparlampe mit blassem und bläulichem Licht und dem Charme eines Krankenhauses ersetzt. Eine kalte EU verordnet kaltes Licht – und die Schweiz macht mit! Unter Ausschaltung der Demokratie, über die Köpfe von 27 Staaten mit 500 Millionen Einwohnern hinweg, hat eine Schar EU-Kommissäre im Alleingang diesen unsinnigen Entscheid getroffen. Niemand wurde gefragt. Alle gesundheitlichen Warnungen und Bedenken, z. B. in Sachen Quecksilber, wurden über Bord geworfen. Warum? Es ging hier um ein Riesengeschäft: 27 Staaten können für viele Millionen Euro mit neuen Lampen beliefert werden!

Ich wehrte mich gegen dieses Diktat der EU. Man kann etwas verbieten, wenn es eine bessere Alternative dafür gibt. Aber für die Glühlampe gibt es keine, weder die Sparlampe noch die LED! Und solange diese wirkliche Alternative nicht existiert, ist ein Verbot einfach deplaziert. In Kürze eine Zusammenfassung der Alternativen nach dem damaligen technischen Stand:

Energiesparlampen
- enthalten giftiges Quecksilber: Vorsicht bei Bruch!
- sollten nicht in Körpernähe eingesetzt werden (UV-Strahlung)
- verursachen Probleme bei der Entsorgung: Quecksilber und Flammschutzmittel
- bergen gesundheitliche Risiken durch hohen Blaulicht-Anteil: Tumorentwicklung, Herzinfarkte, Depressionen etc.
- decken nicht das gesamte Farbspektrum ab
- verursachen elektromagnetische Belastung
- bieten keine Dimmer-Möglichkeit
- leuchten nicht sofort
- Lichtstärke und Lebensdauer: Angaben stimmen meistens nicht
- Lichtstärke ist temperaturabhängig
- tragen nicht zum Klimaschutz bei.

LEDs
- gelten laut EU als Sondermüll
- bieten keine Dimmer-Möglichkeit
- bieten kein Vollspektrum wie Glüh- oder Halogenlampen

- verwendete Stoffe Galliumnitrid und Galliumphosphid sind »reizend«
- nur geringe Helligkeit und schlechte Lichtausbeute
- verursachen ev. Augenschäden durch blaue und weisse LEDs
- ungeeignet für Aussenbeleuchtung: Schnee bleibt haften und schmilzt nicht
- sind sehr teuer.

Zuerst gelangte ich in Sachen Sparlampen mit einer Interpellation an den Bundesrat und stellte neun Fragen zum Quecksilber, zur Umweltverträglichkeit, Entsorgung, zu gesundheitlichen Schädigungen, zu LEDs usw. Die Antworten des Bundesrates können Sie der Datenbank des Parlaments entnehmen *(www.parlament.ch)*. Der Bundesrat hat aufgrund meiner Interpellation eine wichtige Studie in Auftrag gegeben: »Über die Auswirkungen von mittelfrequenten elektromagnetischen Feldern auf die Gesundheit«. Die Studie liegt z. Z. noch nicht vor.

Die Antworten des Bundesrates befriedigten mich nicht. Ich schob deshalb im Herbst 2012 eine Motion nach mit dem Auftrag, das Glühlampenverbot aufzuheben. Doch: »Der Bundesrat empfiehlt Ablehnung der Motion!« Das war mir schon im Voraus klar, denn man will ja die EU nicht verärgern. Im Parlament wurde die Motion bis dato noch nicht behandelt.

Aber die Sache hat auch etwas Gutes: Das Echo auf den EU-Entscheid und meine Interventionen waren gewaltig. Das Volk wurde in dieser Sache sensibilisiert und es entstand eine breite Diskussion zum Thema »Sparlampen«. Ingenieure,

Techniker, Wissenschaftler, Ärzte und Umweltspezialisten ergriffen Partei für die Glühlampe beziehungsweise gegen die Sparlampen. Unzählige Beiträge erschienen in Deutschland, das ZDF produzierte einen Dokumentarfilm und die »Rundschau« des Schweizer Fernsehens berichtete darüber.

Auch gab es viele interessante Stellungnahmen, von denen ich hier einige wiedergeben will:

»Es kann nicht sein, dass der Staat ein sicheres und beliebtes Produkt verbietet und durch ein unsicheres ersetzt!« (Gerd Billen, Vorstand der deutschen Verbraucherzentrale, VZBV). Gleichzeitig verlangte Billen, das Glühlampenverbot zu stoppen.

Herbert Reul (CDU), Vorsitzender im mächtigen Industrie-Ausschuss des Europaparlaments fordert, das Glühlampenverbot mit sofortiger Wirkung auszusetzen und dafür ein Verbot der Energiesparlampen in Betracht zu ziehen. Er sagt: »Getrieben vom Klimaschutzwahn musste ein Hauruck-Verbot her!«

Auch Silvana Koch-Mehrin (FDP), Vizepräsidentin des Europäischen Parlaments, verlangte eine Aussetzung des »unsinnigen Glühlampenverbots«.

Prof. Ottmar Edenhofer, Chefökonom des Potsdamer Instituts für Klimafolgenforschung und Co-Vorsitzender des Weltklimarates führte aus: »Ein Verbot der Glühbirne ist Unfug und blinder Aktionismus und zeugt von einer Regulierungswut!«

»Unter dem Strich macht Strom sparen mit Energie-Sparlampen keinen Sinn. Sie sind kein wirklicher Fortschritt und keine echte Alternative zur Glühlampe!« (Zeitschrift »ÖKO-TEST«).

»Nicht die Glühlampe, sondern die Energiesparlampe sollte verboten werden!« (Gary ZÖRNER, Institut für chemische Analytik in Delmenhorst).

Ganz besonders der Film »Bulb Fiction« von Christoph Mayr beschäftigte die Menschen. Er zeigte Macht und Machenschaften der Industrie und ihrer Lobby auf, die Verstrickung von Politik und Macht. Profitstreben war das Motiv, Scheinheiligkeit und bewusste Fehlinformationen waren die dafür eingesetzten Mittel.

Auch das Buch der beiden renommierten Umweltjournalisten Thomas Worm und Claudia Karstedt »Lügendes Licht« muss in Sachen Glühlampenverbot lobend erwähnt werden. Sie zeigen in ihrem Buch anhand akribischer Recherchen, wie das Verbot in Brüssel zustande kam. Es wurde aufgrund eines unvollständigen Dossiers und einseitig von Umweltverbänden und Industrievertretern abgesegnet. Man hat kurz darüber diskutiert, die neue Verordnung dem EU-Parlament vorzulegen. Doch vor allem die »Grünen« hätten geschlossen für die Zwangseinführung des Glühlampenverbots gestimmt.

Gegenüber der »Rundschau« des Schweizer Fernsehens erklärte ich, dass ich für die Zukunft einige Hundert Glühlampen hamstere. Danach hagelte es bei mir Anfragen, wo man die guten alten Glühlampen noch legal kaufen könne. Ich habe die entsprechende Adresse gern weitergegeben. Offenbar wussten die Menschen sehr wohl die Vorteile der Glühbirne zu schätzen und ich bin sicher: Hunderttausende allein in Deutschland und der Schweiz haben Glühlampen gehamstert, was das Zeug hält. Aber nur wenige geben es zu. Doch selbst der ehemalige SPD-Kanzlerkandidat Peer Steinbrück hat den Wert der alten Glühlampen erkannt und zugegeben, dass er davon 500 Stück bunkerte.

Es gibt zum Schluss aber doch noch eine gute Nachricht: In der Schweiz sind immer noch klassische Glühbirnen als »Speziallampen« zu kaufen, nur wesentlich teurer als zuvor. Und das unsinnige Glühlampenverbot gilt nur für die EU und – freiwillig – für die Schweiz. In allen anderen Ländern der Welt können Glühbirnen nach wie vor gekauft und benutzt werden!

Freuen Sie sich auch darüber, im Sommer den Abend eine Stunde länger geniessen zu können? Auch wenn Sie dafür morgens eine Stunde früher aufstehen müssen? Dann gehören Sie zu den glücklichen Menschen! Für viele ist die Umstellung auf Sommerzeit kein Problem, auch gesundheitlich nicht. Aber jeder Mensch ist anders! Mit der Zeit gewöhnen sich die meisten Menschen daran, aber ganz glücklich ist man offenbar damit nicht. Wieder steht ein Zwang dahinter: Die Menschen in Europa wurden nicht gefragt, ob sie diese Umstellung möchten! Das hat mich dazu veranlasst, im Parlament mehrere Vorstösse zu deren Abschaffung einzureichen, nachdem das eigentliche Ziel der Umstellung, Energie zu sparen, damit nicht erreicht wurde.

1977 führte Europa die Sommerzeit ein, als Nachwirkung der Ölkrise. Der Hintergrund hierfür war ein ähnlicher wie bei den Glühlampen: Energie einzusparen. Studien zeigen aber ganz klar, dass dieses Ziel nicht erreicht wurde. Im Gegenteil. Ein höherer Stromverbrauch durch alle möglichen Freizeitaktivitäten und eine erhöhte Umweltverschmutzung sind die

Folgen. Zudem sind die Kosten sowie der administrative und zeitliche Aufwand für die zweimalige Zeitumstellung pro Jahr in einigen Ländern sehr gross.

Bei einer Volksabstimmung 1978 in der Schweiz wurde die Sommerzeit deutlich abgelehnt. Damit die Schweiz keine »Zeitinsel« bleibe, führte der Bundesrat die Sommerzeit 1981 aber trotzdem ein. Man verzichtete dann schliesslich auf ein Referendum. In vielen persönlichen Bürgergesprächen entstand bei mir der Eindruck, dass die Sommerzeit doch für sehr viele Menschen ein echtes Ärgernis darstellt. Beruhen die geschilderten Gesundheitsstörungen und Probleme nur auf Einbildung? Was sagen eigentlich Wissenschaftler und Ärzte zur Umstellung auf Sommerzeit? In den deutschen Medien waren die Befürworter der Sommerzeit massiver Kritik ausgesetzt.

Worin liegt das gesundheitliche Problem bei der Zeitumstellung? Das medizinische Gesundheitsportal für Verbraucher und Fachkräfte »Medizininfo« informiert dazu ausführlich: Jeder Mensch folgt seiner inneren Uhr. Der Organismus des Menschen ist in vielen Bereichen so aufgebaut, dass er einem bestimmten Rhythmus folgt, der sich Tag für Tag wiederholt. Biologische Funktionen, die diesen tagesrhythmischen Schwankungen unterliegen, sind z. B. der Blutdruck, die Pulsfrequenz, die Körpertemperatur oder die Ausschüttung der Glukokortikoide in der Nebennierenrinde. Die Glukokortikoide haben ihren maximalen Blutspiegel zwischen 6.00 Uhr und 9.00 Uhr und ihren Minimalspiegel gegen Mitternacht. Ein solcher Rhythmus wird als »zirkadianer« Rhythmus bezeichnet.

Einfluss auf unsere innere Uhr hat ganz besonders die Sonne beziehungsweise der Wechsel von Hell auf Dunkel. Er steuert den zirkadischen Biorhythmus auch dann, wenn wir von der Aussenwelt abgeschieden sind. Der Hell-Dunkel-Rhythmus beeinflusst ebenfalls die Ausschüttung des Schlafhormons Melatonin: Es wird bei Dunkelheit vermehrt produziert. Melatonin senkt bekanntlich die Aktivität des Menschen und macht ihn müde, also schlafbereit.

Schon kleine Schwankungen im biologischen Rhythmus können Auswirkungen auf den Schlaf-Wach-Rhythmus und auf die Gesundheit des Menschen haben, bis sich der Körper an die Veränderungen angepasst hat. Diese Anpassungsphase dauert mehrere Tage. Die benötigte Zeit ist aber individuell unterschiedlich: Der eine braucht vier Tage, der andere 14. Sogenannte »Lerchen«, damit sind Frühaufsteher gemeint, kommen mit der Umstellung besser zurecht als »Eulen«, womit die mehr nachtaktiven Menschen gemeint sind.

Das heisst in der Praxis: Bei der Umstellung von der normalen auf die Sommerzeit wird die Uhr um eine Stunde vorgestellt. Steht man also normalerweise am Morgen um 7.00 Uhr auf, ist es eigentlich erst 6.00 Uhr. Die Ausschüttung von Melatonin hat sich noch nicht umgestellt. Der Glukokortikoidspiegel ist noch niedrig, Blutdruck und Pulsfrequenz sind noch im »Dunkel-Rhythmus«. Ihnen fehlt jetzt eine Stunde Schaf. Sie sind deshalb müde, unkonzentriert und fühlen sich schlapp. Am Abend hingegen fühlen Sie sich fit, obwohl es bereits 23.00 Uhr ist und Sie normalerweise um diese Zeit schlafen gehen. Aber Ihre innere Uhr weiss es besser: Es ist erst 22.00 Uhr!

Wird die Uhr dagegen im Herbst von Sommerzeit wieder auf »Normalzeit« zurückgestellt, wachen viele Menschen morgens eher auf und werden abends früher müde. Auch hier gerät der Rhythmus durcheinander – beim einen mehr, beim anderen weniger. Der Wechsel im Herbst wird zwar viel leichter verkraftet als im Frühling, aber kaum jemand bleibt unbeeinflusst. Grundsätzlich stärker betroffen sind bei jeder Zeitumstellung ältere Menschen, Säuglinge und Kinder, deren Organismus sich mit der Anpassung an die Umstellung schwerer tut. Besonders schwierig ist die zweimalige Anpassung pro Jahr für Menschen, die bereits unter Schlafstörungen oder unter einer organischen Erkrankung leiden.

Die gesundheitlichen Beeinträchtigungen der Zeitumstellungen ähneln einem permanenten »Mini-Jetlag«. Es ist zum Glück nicht jeder Mensch davon betroffen und auch die Schwere der Symptome ist individuell unterschiedlich. Bei den Betroffenen können folgende Symptome auftreten: Schlafstörungen, Müdigkeit, depressive Verstimmungen, Schwankungen der Herzfrequenz, Konzentrationsschwäche, Gereiztheit, Nervosität, Appetitlosigkeit und Verdauungsprobleme. Nach einer Anpassungsphase von 4 bis 14 Tagen, in der sich die innere Uhr und der äussere Tagesablauf aufeinander einpendeln, verschwinden die Auswirkungen in der Regel. Die Statistiken zeigen aber bei vielen Menschen auch echte, gravierende Probleme aufgrund der Zeitumstellung:

- Es kommt zu vermehrten Arztbesuchen
- Die Einnahme von Schlafmitteln und Antidepressiva steigt.
- Die Unfallhäufigkeit im Strassenverkehr und am Arbeitsplatz nimmt zu, verursacht durch Müdigkeit.

- Landwirte klagen, dass sie die Fütterungszeiten der Tiere anpassen müssen.

Neue Untersuchungen zeigen aber, dass die Mehrheit der Bevölkerung während der ganzen sieben Monate, bis zum Beginn der Winterzeit, von ihrer inneren Uhr gestört wird. Der Chronobiologe Dr. Till Roenneberg, Professor für medizinische Psychologie an der Ludwig-Maximilians-Universität in München, sagt, dass wir uns nie richtig an die Zeitumstellung gewöhnen können. Er nennt die Sommerzeit »einen von oben diktierten Eingriff in unser biologisches Zeitsystem«. Und er warnt: »Die Zeitumstellung bringt unser fein justiertes Uhrwerk völlig aus dem Takt!« Ähnlich äussert sich der Regensburger Psychologe und Schlafforscher Prof. Jürgen Zulley: »Ich halte die Sommerzeit-Umstellung nicht nur für überflüssig, sondern auch für schädlich.« Er fordert die Abschaffung der Sommerzeit und resümiert: »Es würde unserer Biologie eher entsprechen, in der Winterzeit zu bleiben.« Die Neurologin und Schlafforscherin Dr. Birgit Högl von der medizinischen Universität Innsbruck sagt: »Es gibt einfach keinen überzeugenden Grund, die Sommerzeit zu behalten!« Und der Biologe und Wissenschaftsautor Dr. Peter Spork sagt klipp und klar: »Die Sommerzeit muss endlich abgeschafft werden!«

Laut dem Wissenschaftsmagazin »Bild der Wissenschaft« würde die Abschaffung der Sommerzeit die meisten Menschen gesünder, schlauer und fitter machen! Und nach einer Umfrage der »Deutschen Angestellten Krankenkasse« (DAK) sind 70 Prozent der deutschen Bevölkerung dafür, die Sommerzeit ganz abzuschaffen. Eine schwedische Studie stellte ausserdem fest, dass in den drei Tagen nach dem Vorstellen der Uhr die Herzinfarktrate deutlich steigt und das hoch angesehene »American Journal Of Cardiology« berichtete, dass am Tag der Zeitumstellung 71 Prozent mehr Menschen einen Herzinfarkt erleiden als an einem normalen Sonntag!

Schliesslich fanden Forscher heraus, dass es in den Tagen nach der Umstellung zu deutlich mehr Verkehrsunfällen kommt…

Schüler – auch Erstklässler – müssen während der Sommerzeit am Morgen effektiv eine Stunde früher zur Schule! Eine Studie an der Pädagogischen Hochschule Heidelberg mit 500 Schülerinnen und Schülern unter der Leitung von Prof. Dr. Christoph Randler zeigt: 12- bis 18-Jährige brauchen bis zu drei Wochen, bis sie sich für die Umstellung auf die Sommerzeit eingestellt haben. Müdigkeit und Leistungsabfall sind mögliche Konsequenzen.

Kinder schlafen am Abend nicht ein, weil sie noch nicht müde sind. Erwachsene haben Mühe, am Morgen eine Stunde früher aus dem Bett zu steigen ….

Es gibt aber auch noch andere, die unter der Umstellung leiden, z. B. die Wildtiere. Was sich hier bei der Zeitumstellung ereignet, ist eine einzige Tragödie! Um was geht es? Wildtiere rennen nicht planlos in der Gegend herum, sondern folgen einem natürlichen Rhythmus. Sie suchen in der Morgendämmerung nach Futter und überqueren deshalb täglich zur gleichen Zeit die Strassen. Durch die Umstellung auf Sommerzeit sind die Autofahrer nun plötzlich eine Stunde früher unterwegs und davon werden die Wildtiere überrascht. Wie der »Deutsche Jagdschutzverband« (DJV) mitteilt, wurden in der Saison 2009/2010 – allein in Deutschland – 215 000 Rehe durch Fahrzeuge getötet. Dazu kommen Tausende Wildschweine, Hirsche, Hasen, Füchse und Igel. Von den unzähligen Fröschen und Kröten gar nicht zu sprechen. Eigentlich müssten alle Tierschützer Alarm schlagen und allein schon dieses grausame Geschehen wäre Grund genug, die unvernünftige und schädliche Sommerzeit abzuschaffen!

Ich persönlich spüre auch die Auswirkungen der Zeitumstellung, habe aber damit keine weiteren Probleme. Doch das ist unwichtig. Entscheidend waren für mich die unzähligen Gespräche, Anrufe, Briefe und E-Mails von Menschen, denen die Umstellung echte Probleme bereitet. Sie bewogen mich, im Parlament aktiv zu werden, denn ich nehme die Sorgen der Bevölkerung ernst!

Dementsprechend reichte ich 2010 zwei Motionen ein mit dem Ziel, die Sommerzeit wieder abzuschaffen. Sie wurden wie erwartet abgelehnt mit dem bekannten Argument der Schweiz als »Zeitinsel«. 2012 schob ich noch eine Interpellation nach mit verschiedenen Fragen zur Auswirkung der Sommerzeit auf Jugendliche. Darin schlug ich auch vor, den Unterrichtsbeginn für Kinder während der Sommerzeit um eine Stunde nach vorn zu verschieben. Während der Sommerzeit würde demgemäss der Unterricht erst um 9.00 Uhr beginnen.

Auch heute ist das Thema noch längst nicht vom Tisch und ich setze mich weiterhin für diejenigen ein, für welche die Zeitumstellung ein starker Eingriff in ihre persönliche Freiheit bedeutet. Mit negativen gesundheitlichen Folgen. Und ich bin mit meiner Intervention nicht allein. Von Jahr zu Jahr wächst der Widerstand gegen die Sommerzeit-Umstellung in Europa und die Gegner werden immer zahlreicher. In mehreren Ländern werden Unterschriften gesammelt und Petitionen eingereicht.

Am 25. Oktober 2013 nahm ich an einer Gesprächsrunde mit anschliessender Diskussion über den »Sinn und Unsinn der Zeitumstellung« teil. Viele Medien berichteten darüber. Die Veranstaltung fand im »Morbier-Museum« in Düsseldorf statt, organisiert von Herbert Reul, Vorsitzender der CDU/CSU-Fraktion im Europäischen Parlament. Als Expertin war auch die Biologin Prof. Dr. Charlotte von Gall (Universitätsklinik Düsseldorf) eingeladen. Sie bestätigte die negativen Folgen der Zeitumstellung für den menschlichen Körper.

Herbert Reul, ein erbitterter Gegner der Sommerzeit, kämpft seit Jahren gegen den »Blödsinn« an, wie er die Umstellung nennt. Auf die Frage eines Journalisten, warum denn die Sommerzeitregelung nicht rückgängig gemacht werde, sagte Reul in Düsseldorf: »Weil es schon einer Art Tsunami bedarf, bis in Brüssel Regelungen, die einmal beschlossen wurden, zurückgenommen werden, egal wie unsinnig sie auch sein mögen!«

Ich glaube nicht, dass die Schweiz im Alleingang die Sommerzeit abschafft. Dazu fehlt der politische Wille und dem Bundesrat der Mut. Aber vielleicht siegt in der EU wenigstens einmal die Vernunft und Europa kehrt zurück zur Normalzeit. Ich bin nach dieser Veranstaltung in Düsseldorf jedenfalls optimistisch, dass die Sommerzeitregelung in absehbarer Zeit doch noch fallen wird!

Seit mehreren hundert Jahren ist die Einwanderung ein Markenzeichen der traditionellen Nationalstaaten. Sie profitierten und profitieren stark von ihren Zuwanderern, denn sie beleben als Arbeitskräfte den Markt und als Konsumenten die Wirtschaft. Qualifizierte Zuwanderer tragen enorm zur gesellschaftlichen Entwicklung eines Landes bei. Deshalb gewinnt in den hoch entwickelten Industriestaaten die qualifizierte oder gesteuerte Zuwanderung immer mehr an Bedeutung. Aber was heisst eigentlich qualifizierte Zuwanderung? Keine freie, sondern eine intelligente Einwanderung! Erwünscht sind gut ausgebildete Fachkräfte, die in dem betreffenden Land benötigt und gebraucht werden.

Wie handhaben erfolgreiche Länder eine gesteuerte Einwanderung? Sehr bewährt hat sich ein Punktesystem, mit dem die berufliche Qualifikation, Ausbildung, Sprachkenntnisse und das Alter des einreisewilligen Ausländers berücksichtigt werden. Erreichen die Bewerber eine bestimmte Punktzahl, dürfen sie ins Land einreisen. Mit einem Punktesystem können also Staaten genau diejenigen Personen ins Land holen, die dort dringend gebraucht werden. Erwünscht sind ausdrücklich Fachkräfte aus Mangelberufen, welche Firmen aus bestimmten Gründen im eigenen Land nicht finden können. Und auf einer dauernd aktualisierten »Mangelliste«, sind die gesuchten Berufe aufgeführt.

Die nachfolgend aufgeführten Länder praktizieren alle erfolgreich ein Punktesystem, wobei sich diese Systeme aber in ihrer Zielsetzung zum Teil erheblich voneinander unterscheiden. Denn ein Punktesystem ist immer individuell auf die Bedürfnisse des betreffenden Landes ausgerichtet. Alle Angaben, Daten und Zahlen beziehen sich auf die Jahre 2012/13.

Das kleine Land Dänemark führte als erster Staat in Europa ein Punktesystem ein. Trotz EU-Mitgliedschaft einigte sich die dänische Regierung, auf Ende 2008 strengere Einwanderungs- regeln einzuführen. Im Zentrum des neuen Gesetzes steht ein 100-Punktesystem, das folgende Qualitäten bei Einwanderern bevorzugt: eine akademische Ausbildung an einer anerkannten Universität, eine qualifizierte Berufsausbildung und Arbeitser- fahrung, Sprachkenntnisse und das jugendliche Alter des Kan- didaten. Wer jünger ist als 34 Jahre, erhält 15 Jugendpunkte.

In einer Positivliste, die permanent aktualisiert wird, sind Mangelberufe aufgeführt, die in Dänemark benötigt werden, wie z. B. Kindergärtnerinnen oder Ingenieure. Dafür gibt es zehn Bonuspunkte.

Bekommt ein Kandidat 100 Punkte zusammen, erhält er eine Greencard und damit eine dreijährige Aufenthaltserlaub- nis. Er kann sich im Land niederlassen und selbstständig einen Job suchen. Stellt er aber in dieser Zeit einen Sozialhilfeantrag, wird die Greencard sofort widerrufen! Zusätzlich benötigt der Einwanderungswillige den Nachweis einer Krankenversiche- rung und eines Finanzpolsters über 10 000 Euro. Die Ausstel- lung der Greencard kostet zudem 830 Euro.

Der damalige dänische Ministerpräsident und heutige NATO-Generalsekretär Anders Fogh Rasmussen erklärte zur Einführung des Punktesystems: »Manche sollen ganz einfach nicht in unser Land. Das ist keine Frage des Alters, sondern des gesunden Menschenverstands!« Dagegen soll es z. B. für eine US-Krankenschwester, die etwas Dänisch spricht, leichter sein einzuwandern. »Sie brauchen wir.« Wer hingegen Dänemark nur zur Last liege, sei nicht willkommen, sagte der Ministerpräsident.

Auch unser direkter Nachbar Österreich hat seit 2011 ein Punktesystem für Einwanderer: die »Rot-Weiss-Rot-Card«. Und auch bei diesem System sind die berufliche Qualifikation und die Berufserfahrung sowie das Alter und die Sprachkenntnisse des Einreisewilligen entscheidend. Angesprochen werden Hochqualifizierte, Fachkräfte in Mangelberufen und sogenannte Schlüsselkräfte. Die »RWR-Card« wird für zwölf Monate ausgestellt und berechtigt zur Niederlassung in Österreich und zur Beschäftigung bei einem bestimmen Arbeitgeber.

Dazu gibt es noch unter besonderen Voraussetzungen die »Rot-Weiss-Rot-Card-Plus« zur Beschäftigung bei jedem Arbeitgeber in Österreich und die »Blaue Karte EU« für den erleichterten Zugang zum Arbeitsmarkt. Diese ist z.B. gedacht für Personen mit einem abgeschlossenen Hochschulstudium.

Die USA sind das klassische Einwanderungsland und sozusagen die Erfinder der Greencard. In den 1960er Jahren wurde die Einwanderungspolitik reformiert und an die neue Situation angepasst. Einwanderer sollen zielgerecht in den Arbeitsmarkt kommen. Dafür sorgt der Arbeitgeber. Er muss nachweisen, dass er keine einheimische Fachkraft finden kann, die für den betreffenden Job qualifiziert oder verfügbar ist. Die Nachfrage bestimmt die Zuwanderung! Der Kongress legt dann jedes Jahr aufgrund der neuen aktuellen Arbeitsmarktsituation das Kontingent der Greencards fest.

Auch das australische Punktesystem richtet sich nach den jeweiligen Anforderungen des Arbeitsmarkts im Land, ähnlich dem kanadischen Modell. Die Einwanderungsbehörde veröffentlicht sporadisch eine Liste von Berufen, die in Australien besonders gesucht werden. Dazu gehören zurzeit Mediziner, IT-Fachleute und Ingenieure. Personen mit einem Beruf, der nicht auf dieser Liste aufgeführt ist, haben keine Chance, sich längerfristig in Australien niederzulassen. Und alle Einwanderer sind in den ersten zwei Jahren nach ihrer Ankunft von allen Sozialleistungen ausgeschlossen.

Wichtig beim australischen Punktesystem sind eine gute Schulbildung, eine berufliche Ausbildung und Berufserfahrung. Der Kandidat muss dazu einen obligatorischen Englischtest in den Bereichen Lesen, Verständnis, Schrift und Sprache bestehen. Dazu sollte der Antragsteller zwischen 18 und 45 Jahre alt sein.

Für ein Einreisevisum sind 120 Punkte notwendig. Qualifizierte Einwanderer, die diese Punktzahl erreichen, erhalten ein Visum, das auf ein bis vier Jahre befristet ist. Es existieren vier verschiedene Visumsarten, je nach Qualifikation des Bewerbers.

Neuseeland ist ein klassisches Einwanderungsland und das Wunschziel vieler Europäer. Grundvoraussetzungen für eine Daueraufenthaltserlaubnis sind eine gute Gesundheit, ein einwandfreier Leumund (keine Vorstrafen), gute Englischkenntnisse (Test) und ein Höchstalter von 55 Jahren.

Dazu braucht es mindestens 100 Punkte in einem speziellen Punktesystem, in dessen Mittelpunkt wieder Ausbildung, Beruf und Berufserfahrung des Antragstellers stehen. Aber nur diejenigen mit den höchsten Punktzahlen werden in das Selektionsverfahren aufgenommen, aus dem dann die glücklichen Bewerber für eine Aufenthaltserlaubnis gezogen werden.

Aber damit ist das Ziel noch nicht erreicht. Die Bewerber werden einer ersten Prüfung unterzogen und müssen im zweiten Stadium des Verfahrens ihre Nachweise einreichen, mit denen sie die erreichten Punkte belegen. Alle Dokumente werden geprüft und der Antragsteller wird eventuell zu einer Besprechung eingeladen.

Nur wenn die Einwanderungsbehörde davon überzeugt ist, dass der Kandidat einen wirtschaftlichen oder kulturellen Beitrag für Neuseeland erbringen kann, erhält er die begehrte »Resident-Visa«.

Auch Kanada kennt seit 1967 ein Punktesystem für Einwanderer. Belohnt werden bei diesem System ebenfalls gut ausgebildete, flexible Personen mit Berufserfahrung, die sich dem schnell ändernden Arbeitsmarkt in Kanada anpassen können. Der Kandidat benötigt zudem sehr gute Sprachkenntnisse (Englisch/Französisch) und muss mindestens 67 von 100 Punkten erreichen.

Für ein Einreisevisum können sich aber nur noch Personen bewerben, deren Beruf auf der ständig aktualisierten Mangelliste aufgeführt ist. Im Moment sind dort 40 Berufe aufgelistet. Qualifizierte, gezielte Zuwanderung erfolgt somit auch während einer Rezession! Die gesteuerte Einwanderung sei ein grosser Erfolg und ein Grund für Kanadas Wettbewerbsfähigkeit, sagte der Einwanderungsminister Jason Kennedy. Und so ging die globale Finanz- und Wirtschaftskrise praktisch unbeschadet an Kanada vorbei.

Studien zeigen: Einwanderer in die USA, Kanada und Australien sind sehr viel höher qualifiziert und deutlich besser ausgebildet als jene in Deutschland. Forschungsinstitute und Fachleute schlagen deshalb vor, die Zuwanderung auch in Deutschland durch ein Auswahlverfahren mit einem Punktesystem zu steuern. Die Wirtschaft, Verbände, der Gewerkschaftsbund und sogar die »Grünen« fordern ebenfalls ein solches Punktesystem. Damit könnten gut ausgebildete Fachkräfte ins Land geholt werden, die auf dem Arbeitsmarkt gefragt sind.

Ein erster Schritt in diese Richtung ist bereits getan: Seit August gibt es die »Blue Card« für Akademiker ausserhalb Europas. Diese müssen allerdings einen Job in Deutschland nachweisen mit einem Jahresgehalt von mindestens 44 800 Euro. Für Mangelberufe wie Ärzte oder Ingenieure gilt eine Schwelle von 35 000 Euro.

Nach den grundsätzlich guten Erfahrungen der Einwanderungsländer – dazu gehört auch die Schweiz – muss man sich fragen: Warum haben wir eigentlich dieses Punktesystem nicht? Warum hat die Schweiz immer noch eine ungesteuerte und unkontrollierte Zuwanderung? Wenn die Schweiz weiter abseits steht und nicht auch Einwanderungsregeln einführt, wird sie ein Sammelbecken für alle diejenigen, die in den Nachbarstaaten die Anforderungen für eine Einwanderung nicht erfüllen!

Das bewog mich, bereits 2010 im Nationalrat eine Motion für neue Einwanderungsregeln einzureichen. Sie war breit abgestützt: Insgesamt 80 Nationalräte aus verschiedenen Parteien setzten ihre Unterschrift unter die Motion. Sie enthielt den Vorschlag, mit einem Punktesystem gezielt diejenigen Fachkräfte in die Schweiz zu holen, die wir hier auch benötigen.

Leider wurde die Motion im Parlament abgelehnt. Die Ablehnung hat mich etwas erstaunt, zumal auch Fachleute wie der bekannte Ökonom Dr. George Sheldon, Professor für Arbeitsmarkt- und Industrieökonomie an der Universität Basel, seit Jahren für die Schweiz ein Punktesystem nach dem Vorbild Kanadas ausdrücklich empfehlen. Im »Tages Anzeiger« vom 26. April 2013 schrieb Sheldon u. a.: »Das Problem ist nicht allein die Zuwanderung, sondern auch die Sesshaftigkeit der Menschen. Wir wissen heute: Die hochqualifizierten Ausländer gehen wieder, die schlecht qualifizierten bleiben!« Und weiter: »Die Schweiz könnte bei den Nicht-EU-Bürgern ein ähnliches Punktesystem einführen wie Kanada: Hochqualifizierte Ausländer bekommen einen Bonus, niedrig qualifizierte einen Malus.«

Die Einwanderung ist zweifelsohne auch hier in der Schweiz ein ganz zentrales Thema. Und das letzte Wort ist in dieser Sache noch lange nicht gesprochen. Deshalb reichte ich in der Wintersession 2013 eine Interpellation ein, mit wichtigen Fragen in dieser Richtung. Auf die Antworten des Bundesrates bin ich sehr gespannt!

Warum sich die Schweiz in dieser Sache so schwer tut, ist mir ein Rätsel. Langfristig wird unser Land jedoch kaum darum herumkommen, seine Einwanderung gezielt zu steuern. Das Punktesystem ist ein optimales Instrument, um dieses gesteckte Ziel zu erreichen!

Heute ist mir klar: Das Amt als SVP-Präsidentin des Kantons Luzern hätte ich nie annehmen dürfen! Warum sagte ich aber trotzdem zu? Ich sah darin die Möglichkeit – zusammen mit der Parteileitung und der Parteibasis – etwas im Kanton Luzern zu bewegen. Leider hörte ich dabei nicht auf meine innere Stimme.

Ich war nun schon viele Jahre in der SVP, hatte kantonale und eidgenössische Wahlen hinter mir und unzählige Gespräche mit der Bevölkerung geführt. Dadurch bekam ich einen Einblick, wie die Bevölkerung unsere Partei von aussen sieht und beurteilt. Und selbstverständlich machte ich mir auch Gedanken über meine eigene Partei, über eventuelle »Fehlentwicklungen« und ich stellte mir die Frage: »Was muss die SVP ändern, um in Zukunft weiterhin erfolgreich oder noch erfolgreicher und breiter abgestützt zu sein?«

Nach meiner persönlichen Meinung müsste folgende Vision Wirklichkeit werden: Sachthemen sollen mehr im Vordergrund stehen, alte Gräben endlich zugeschüttet und keine neuen ausgegraben werden. Realität und Vernunft müssen siegen, denn keine Partei der Schweiz – auch nicht die grösste – kann die anstehenden Probleme allein bewältigen. Das ist nur durch Kooperation mit Partnern möglich. Die SVP muss deshalb bereit sein, vermehrt auf andere zuzugehen. Sie sollte auch Kontrahenten die Hand reichen, eine gewisse Kompromissbereitschaft zeigen und auch einmal etwas bejahen, selbst wenn es nicht die optimale Lösung darstellt. Man kann nur selten ein Ziel hundertprozentig erreichen! Die Partei sollte Allianzen schmieden, um gemeinsam die grossen Probleme zu lösen – zum Wohl unseres Landes! Es ist aber schwer, verlässliche Mitarbeit und Unterstützung von Personen oder Parteien zu erwarten oder sogar zu verlangen, wenn diese zuvor explizit diskreditiert wurden. Mit einer solchen Neupositionierung würde die SVP noch mehr Akzeptanz im kantonalen Parlament und in der Bevölkerung erhalten.

Bei jeder Gelegenheit versuchte ich, diesbezüglich etwas in dieser Richtung zu bewirken. Ich hatte bis heute nie ein Problem mit anderen Parteien. Obwohl wir im Parlament in Bern politisch oft ganz unterschiedlicher Meinung sind, stossen wir zusammen an und unterhalten uns über private Dinge. Ich mache mir von anderen Menschen nie ein Feindbild, sondern denke immer an unsere gemeinsamen Interessen!

Doch wie kam nun dieses Präsidium eigentlich zustande? Eines Tages, im Frühling 2008, kam mein Amtsvorgänger – ebenfalls Nationalrat – zu mir nach Hause und erläuterte ausführlich bei einer Tasse Kaffee, dass er als SVP-Präsident zurücktreten möchte. Und er sehe in mir die ideale Nachfolgerin … Ich war erstaunt und überrascht, denn an so etwas hatte ich nicht eine Sekunde gedacht. Schliesslich war ich erst vor Kurzem in den Nationalrat gewählt worden und hatte damit genug neue Aufgaben!

Er betonte jedoch mein sehr gutes Resultat bei den Kantonsrats- und Nationalratswahlen und sagte: »Du bist für das Präsidium die ideale Person. Du kannst die Leute motivieren, bist glaubwürdig und integer. Und du kannst Brücken bauen und Gräben zuschütten.« Es sei auch sonst niemand da, der sich für dieses Amt interessiere.

Nach einigen Tagen Bedenkzeit, Rücksprache mit anderen und mit meiner Familie sagte ich zu. Ich nahm auch an, es wäre dies im Interesse der Partei. Entscheidend für die Zusage waren aber letztlich für mich nur zwei Punkte:

- Die offensichtliche Tatsache, dass sich niemand in der SVP für das Amt des Präsidenten gemeldet hatte und auch niemand wirklich daran interessiert war.
- Ich sah die einmalige Möglichkeit, gemeinsam mit meiner Partei etwas für unseren schönen Kanton zu erreichen.

Die Parteileitung (PLA) beriet das Szenario für die Wahl des neuen Präsidenten, dann wurde ich als Kandidatin einstimmig nominiert. Doch plötzlich tauchte noch ein anderer Kandidat auf. Das Amt Sursee portierte einen Ortspartei-Präsidenten als Gegenkandidaten für das Präsidium! Was sollte ich tun? Sollte ich meine Kandidatur nun zurückziehen? Das ist nicht meine Art. Wenn ich etwas zugestimmt habe, dann stehe ich dazu, ohne Einschränkungen. Dazu wurde ich von der PLA einstimmig nominiert und ich fand es sogar gut, wenn die Delegierten nun eine Auswahl hatten, auch die zwischen einem Mann und einer Frau. Dann kam der 15. Mai 2008, der Tag der Wahl, und ich wurde mit 107 von 150 Stimmen zur neuen SVP-Präsidentin des Kantons Luzern gewählt.

Nachdem der Medienrummel um meine Wahl etwas verklungen war, machte ich einen Plan, was ich mit der Partei erreichen und was ich ändern, also besser machen möchte. In erster Linie wollte ich den SVP-Wähleranteil erhöhen, denn der dritte Nationalratssitz war ein Überhangmandat! Diesen Sitz galt es zu sichern und dazu war das Potenzial im Kanton Luzern vorhanden. Der Wähleranteil kann aber nur durch neue Mitglieder erhöht werden. »Will eine Partei wachsen, muss sie sich auch erneuern!«, sagte ich in mehreren Interviews. Im Mittelpunkt stand deshalb für mich, mehr Junge und mehr Frauen für die Partei zu gewinnen. Ich hatte diesbezüglich etwas eruiert und war überzeugt, dass mir das gelingen würde. Ausserdem wollte ich das öffentliche Image der Partei in einem helleren und besseren Licht erstrahlen lassen, nämlich hin zu mehr Stil und zu einer modernen, zielorientierten Partei mit Kompromissfähigkeit, wenn es der Sache dienlich ist.

Ich hatte eine klare Vorstellung und wusste, wie ich dabei vorgehen wollte, um diese anspruchsvollen Ziele zu erreichen. Doch das kann eine Präsidentin nicht allein schaffen. Um Ziele zu erreichen, müssen immer alle gemeinsam am gleichen Strang ziehen, so wie die Mitarbeiter einer Firma. Leider musste ich schon bald feststellen, dass dies in meiner Partei nicht der Fall war. Die damalige Parteileitung wollte nicht mitmachen und war auch nicht an einer zukunftsorientierten Veränderung der Partei interessiert, wie ich sie mir vorstellte.

Und wieder stellte sich mir die Frage: Was soll ich tun? Soll ich den Chef spielen und den Tarif durchgeben? Ich wollte aber diesbezüglich nicht meinen Charakter ändern oder mich verbiegen. Ich wollte auch als Präsidentin die Person bleiben, die ich nun mal bin. Es wäre für mich damals keine Kunst gewesen, mit »Zuckerbrot und Peitsche« aufzutreten, wie mir das mehrere Führungskräfte empfohlen. Doch das ist nicht meine

Art, denn ich vertrete die Ansicht: »Wenn jemand nicht bereit ist, freiwillig mitzumachen, mitzugestalten und den Erfolg anzustreben, hat alles keinen Sinn!« Ich bin auch heute jederzeit bereit, mich für eine Idee oder eine gute Sache einzusetzen, aber nur wenn die Chemie stimmt und dem Motto folgt: »Gemeinsam sind wir stark!«

Ich war damals leider grenzenlos idealistisch und auch etwas naiv. Und ich unterschätzte Neid und Missgunst! Man wollte in der damaligen Parteileitung doch nicht zulassen, dass eine Frau, die »Aufsteigerin« und Präsidentin der SVP im Kanton Luzern, Erfolg hat und Lorbeeren erntet. Das war für einige in der PLA einfach zu viel. Und heute kann ich das sogar sehr gut verstehen.

Die Entscheidung war für mich nicht einfach. Doch aufgrund dieses Szenarios reichte ich im Frühling 2009 meinen Rücktritt ein. Die Enttäuschung in der Bevölkerung über meinen Rücktritt war enorm. Grosse Hoffnungen waren offenbar in mich gesetzt worden. Ich galt sehr vielen Menschen in der SVP, aber auch in anderen Parteien als Hoffnungsträgerin und ich werde auch heute noch auf meinen damaligen Rücktritt angesprochen. Am schlimmsten war für mich, dass ich damit viele enttäuschte. Das tat sehr weh! Ich möchte aber nachträglich dafür nochmals in aller Form um Verständnis bitten, denn letztlich stand für mich das Wohl und die Zukunft der Partei im Vordergrund!

Nachdem schon meine Wahl zur Präsidentin ein grosses Medienecho ausgelöst hatte, gab es jetzt erneut ein Rauschen im Blätterwald. »Tagesanzeiger«: »Die Über-Schweizerin tritt zurück«; »Neue Luzerner Zeitung«: »Yvette Estermann wirft das Handtuch« und »Ich wollte mehr Frauen in der Parteileitung«; »Blick«: »Wölkli über'm Sünneli: Präsidentin tritt zurück«; »NLZ«: »Zwist in der SVP: Estermann tritt zurück« usw.

Aus heutiger Sicht muss ich sagen, dass ich sehr, sehr froh bin, rechtzeitig zurückgetreten zu sein. Ich hätte mich voll engagiert, denn Delegieren fällt mir ohnehin sehr schwer. Und ich bin eine Person, die anpackt, selbst gestaltet und sich voll einsetzt. Noch nie in meinem Leben habe ich mich vor einer Arbeit gedrückt. So auch nicht als Präsidentin, wenn es um undankbare und unpopuläre Dinge ging wie z. B. Standaktionen durchzuführen, Flyer zu verteilen oder Unterschriften zu sammeln. Dafür war ich mir nie zu schade.

Die Übernahme des Präsidiums war der einzige wirkliche Fehler, den ich in meiner politischen Tätigkeit bis dato gemacht habe. Nach meinem Rücktritt übernahm der Vizepräsident mein Präsidium und führte die Partei. Ich war dann sehr erleichtert, als er in der »Neuen Luzerner Zeitung« in einem Interview sagte: »Eine Blutauffrischung im Ständerat ist überfällig. Die Wahlchancen für die SVP sind absolut intakt!« Weiter sagte er der Zeitung, die SVP müsse ihren Wähleranteil vergrössern und auf 30 Prozent kommen. Dazu müssten zusätzlich 5000 Wähler mobilisiert werden.

»Super, jetzt wird alles gut!«, sagte ich mir. Der Nachfolger hat offenbar meine Ziele und Strategien zu einem grossen Teil übernommen und wird sie effektiv in die Tat umsetzen! Leider kam es anders. Es kam das, was ich unter allen Umständen verhindern wollte: Die sieggewohnte SVP konnte nicht zulegen und verlor im Kanton Luzern Stimmen. Das Rennen um einen Ständeratssitz ging verloren und leider, leider war auch der dritte, so wichtige Nationalratssitz weg. Offenbar schafften wir es nicht, in einer veränderten Parteienlandschaft zuzulegen und auch wirklich unser Bestes zu geben.

Fazit: Jeder Misserfolg birgt eine Lehre und eine Chance in sich. Seit jenen Erfahrungen als Präsidentin gehe ich anders mit Problemen um. Und ich habe auch im Umgang mit Menschen viel dazugelernt!

Mein Präsidium ist für mich definitiv abgeschlossen und inzwischen Geschichte. Heute hat die SVP mit Franz Grüter einen sehr integren und eloquenten Präsidenten mit echten Führungsqualitäten. Ich stehe voll hinter ihm und engagiere mich wieder gern für die Partei. Die Zusammenarbeit mit ihm macht richtig Spass! Mit Franz Grüter kann die SVP hoffnungsvoll in die Zukunft blicken!

Es kam das Wahljahr 2011. Ich hatte mich nach kurzer Überlegung und einem Gespräch mit meiner Familie entschlossen, mich der Wiederwahl zu stellen. Nationalratskollegen warnten mich: Die Wiederwahl ist viel schwieriger. Es ist die Stunde der Wahrheit. Entweder du bekommst eine Bestätigung vom Volk, dass du deine Arbeit gut gemacht hast, oder du bist einfach weg. Doch überall bei den verschiedenen Wahlveranstaltungen im Kanton schwappte mir eine angenehme Welle der Sympathie entgegen. Ich spürte das sehr deutlich und das gab mir für die Wahl ein gutes Gefühl. Ich war zuversichtlich. Selbstverständlich kam für mich auch wieder der wichtige, mir selbstauferlegte »Ehrenkodex« zur Anwendung.

Überall kamen Menschen zu mir und sagten:»Sie machen es gut – nur weiter so!« oder»Wir sind stolz auf Sie, dass Sie sich derart klar und deutlich für die Schweiz einsetzen!« Nicht wenige bedankten sich sogar bei mir – mündlich oder schriftlich –, dass ich mich für die Werte und Bürger unseres Landes engagiere. Offenbar ist das heute nicht mehr selbstverständlich! Mein Wahlslogan lautete:»Bewährt anders«.

Für mich bestanden bei dieser Wahl jedoch ganz andere und viel schwierigere Bedingungen als 2007. Dazu traten zwei neue Parteien auf den Plan, die auch ein Stück vom»Nationalrats-Kuchen« beanspruchten. Auch versuchten einige politische Gegner und Gruppierungen, mit Schmutz zu werfen. Doch bei solchen Aktionen mache ich nicht mit. Am Wahlsonntag, den 23. Oktober 2011, lag das Resultat gegen Abend fest: 35 529 Stimmen wurden für mich ausgezählt!

Ein hervorragendes Resultat, das viertbeste Ergebnis aller Nationalräte im Kanton Luzern! Fast 5000 Stimmen mehr als vor vier Jahren. Ich war überwältigt von der Unterstützung und auch vom Vertrauen, das mir wieder entgegengebracht wurde. Ich schickte still und leise einen ganz besonderen Dank an die universelle Kraft, die mir und allen anderen Menschen hilft, jeden Tag mit Leben zu erfüllen und die anstehenden Aufgaben zu meistern. Das Wahlergebnis war für mich auch eine wunderbare Bestätigung, dass meine Arbeit akzeptiert und geschätzt wird. Mit Freude und neuer Motivation machte ich mich wieder ans Werk.

Eine Feststellung war dabei für mich besonders wichtig: Es waren nicht die Wahlwerbung oder die Plakate, die das gute Resultat brachten, sondern ganz eindeutig meine Arbeit. Und die Tatsache, dass ich während der ganzen Legislatur kein Mandat angenommen hatte und damit ganz unabhängig geblieben war. Das haben mir die Leute x-fach persönlich bestätigt. Mein Einsatz in Bern für Freiheit, Unabhängigkeit und direkte Demokratie sowie für den Wirtschaftsstandort Schweiz ist offenbar auch bei den Wählern angekommen. Für mich ist dieser Einsatz selbstverständlich und ich muss ihn deshalb auch nicht immer wieder betonen.

Es folgte die mir bereits bekannte Gratulationstour. Diesmal erhielt ich aber noch zusätzlich Post aus dem benachbarten Ausland, denn ich hatte auch dort einige Auftritte. Im Parlament in Bern änderte sich mit meiner Wiederwahl nicht viel. Ich wusste in meiner zweiten Legislaturperiode aber doch viel besser, wie der Parlamentsbetrieb funktioniert, wie die Geschäfte ablaufen oder wie bestimmte Personen ticken. Die politische Tätigkeit erfüllt mich heute mit noch grösserer Zufriedenheit, denn ich kann in Bern etwas gestalten oder bewegen.

Wichtig für mich sind während der Sessionen die persönlichen Gespräche mit meinen Kolleginnen und Kollegen von links bis rechts. Obwohl wir politisch oft ganz unterschiedlicher Meinung sind, verstehen wir uns erstaunlich gut, auch privat und ausserhalb des Parlaments. Das ist wichtig, wenn es darum geht, gemeinsam etwas zu erreichen oder für etwas einzustehen.

Neu ist meine Tätigkeit als Stimmenzählerin! Ich wurde für das Amt angefragt und das Parlament hat mich in diese Funktion gewählt. So sitze ich nun im Saal ganz vorne beim Rednerpult und sehe meine Kollegen endlich nicht mehr nur von hinten, sondern von vorne. Die sehr interessante und wichtige Aufgabe als Stimmenzählerin gibt mir auch ganz neue Einblicke in den Parlamentsbetrieb, denn das Amt untersteht dem »Büro Nationalrat«.

In der ersten Sessionswoche der neuen Legislatur erfolgte ebenfalls meine Wiederwahl als Vizepräsidentin der SVP-Bundeshausfraktion und die Wahl in den Vorstand der »SVP-Frauen Schweiz«. Dazu wechselte ich eine Kommission. Leider hatten zwei unabhängige Kollegen, mit denen ich immer gut zusammenarbeitete, die »Kommission für soziale Sicherheit und Gesundheit« (SGK) verlassen. Und ohne sie konnte ich nicht mehr eine wichtige Minderheit bilden. Neu bin ich in der Geschäftsprüfungs-Kommission (GPK). Dazu in der Subkommission EDI/UVEK, Gerichte und Bundesanwaltschaft. Die Mitgliedschaft in der aussenpolitischen Kommission (APK) wollte ich beibehalten.

Auch in dieser noch laufenden Legislaturperiode greife ich Anliegen auf, die von der Bevölkerung an mich herangetragen werden. Oft sind es Themen oder Anliegen, um die sich niemand kümmert, die nicht sonderlich populär sind, aber trotzdem viele Menschen beschäftigen. Ganz unattraktiv für Parlamentarier ist ein Thema besonders dann, wenn ein Vorstoss »nichts bringt« oder damit kein Blumentopf zu gewinnen ist, wie z. B. beim Thema Sommerzeit. Manchmal ist es auch ein Kampf »David gegen Goliath«. Aber wir lassen uns davon nicht abschrecken und brauchen uns auch vor nichts und niemandem zu fürchten!

Ich vermittle auch Wünsche oder Anliegen der Bevölkerung sowie Adressen von bestimmten Personen oder Amtsstellen, an die man sich bei bestimmten Fragen und Problemen wenden kann. Ab und zu eruiere ich auch selbst in einer Angelegenheit. Manchmal greife ich zu einer Motion oder Interpellation im Parlament. So z.B. für eine Stärkung des Geografie-Unterrichts in den Schulen, zur Doppelspurigkeit in der Spielsuchtprävention oder zu schädlichen Nebenwirkungen von Psychopharmaka. Und in der Frühjahrssession reiche ich einen Vorstoss ein über die Belastungen durch Elektrosmog.

Anfang 2013 berichteten die deutschen Medien wieder über Korruption in der EU. 120 Milliarden EURO gingen dadurch verloren, sagte die zuständige EU-Kommissarin Cecilia Malmström. Betroffen ist davon auch die Schweiz, die sich durch »Kohäsionszahlungen« an EU-Projekten beteiligt. Aufgrund dieser Tatsache reichte ich eine Motion ein mit dem Ziel, EU-Kohäsionszahlungen über Schweizer Unternehmen zu steuern! 50 Nationalräte aus CVP, FDP, SVP und LEGA unterschrieben meine Motion.

Nationalrat Hans Kaufmann/SVP wollte 2008 erreichen, dass Schweizer Bürger ihre AHV nicht mehr versteuern müssen. Die ehrenhafte Motion wurde aber abgelehnt. Aufgrund unzähliger Telefonanrufe und Briefe besorgter Bürger habe ich mich entschlossen, in der Wintersession 2013 eine neue Motion zu diesem Thema einzureichen. Die AHV ist kein Geschenk des Staates. Das Geld hat der AHV-Bezüger einst selbst erarbeitet und einbezahlt. Zudem haben Menschen im AHV-Alter meistens kein anderes Einkommen mehr zur Verfügung, sodass schon eine Steuerbelastung von 100 CHF für viele sehr schmerzhaft ist. Nach meiner Meinung sollte es auch die primäre Aufgabe der Politik sein, zuerst für die einheimische

Bevölkerung zu sorgen, bevor Milliarden ins Ausland gehen! Es wird sich in der Antwort des Bundesrates zeigen, ob er ein Herz hat für seine älteren Mitbürger! – Zum Abschluss der Session wurde am 25. November 2013 der neue Nationalratspräsident für das Jahr 2014 gewählt. Der bodenständige Entlebucher Ruedi Lustenberger/CVP, erzielte dabei ein Glanzergebnis!

Mit dem aktuellen CVP-Nationalratspräsidenten 2014,
Ruedi Lustenberger

Es gab auch wichtige Volksabstimmungen in diesem Zeitraum, für die ich mich engagierte. So zum Beispiel die Volkswahl des Bundesrates. Ich begrüsste diese Initiative und sie lag mir auch am Herzen, denn damit hätte das Volk endlich die Möglichkeit, ihre Bundesräte selbst zu wählen. Alle wichtigen Vertreter und Repräsentanten, wie Gemeinderäte oder Regierungsräte, werden direkt vom Volk gewählt. Warum nicht auch der Bundesrat? Wichtigstes Argument: Intrigen, Tricks und »Retour-Kutschen« durch das Parlament würden ausgeschaltet. Doch am 9. Juni 2013 lehnte das Volk die Initiative mit 76,3 Prozent ab. Das Ergebnis erstaunte mich sehr, aber es gilt natürlich, den Entscheid zu akzeptieren.

Auch andere Aktivitäten gibt es in dieser Legislatur zu verzeichnen. Zwischendurch auch immer wieder angenehme und unpolitische Einladungen zu Events, wie mein Auftritt beim Jahrestreffen der »Schweizerischen Kurzwellenamateure« in Emmenbrücke. Die Vereinigung wird von mir hochgeschätzt.

Dipl. Ing. Rudolf Pomaroli vom Bündnis »Neutrales Freies Österreich« beim Überreichen der wunderschönen Friedensglocke im Mai 2013

Sie hat mehrere Tausend Mitglieder und ist ein ganz wichtiger Teil der Völkerverständigung und der Kommunikation untereinander. Auf Einladung von Dipl.-El.-Ing. ETH, Willi G. Vollenweider war ich auch Ehrengast bei der »Weltmeisterschaft der Morsetelegrafisten« auf dem Beatenberg und begrüsste die internationalen Teilnehmer u. a. in russischer, slowakischer und ungarischer Sprache.

Manchmal ist auch ein Schritt über die Landesgrenze notwendig. Im Frühling 2013 folgte ich einer Einladung des Bündnis NFÖ (»Neutrales, freies Österreich«) nach Innsbruck und hielt eine Rede über die Neutralität und die direkte Demokratie der Schweiz. Aus der Hand von Bundesobmann Dipl.-Ing. Rudolf Pomaroli durfte ich im Namen der Schweiz eine repräsentative »Friedensglocke« in Empfang nehmen. Nähere Informationen über diese, über vergangene und aktuelle Tätigkeiten, können Sie meiner Webseite *www.estermann-aktuell.ch* entnehmen!

Ein Tag im Nationalrat

Bei verschiedenen Gelegenheiten fragen mich Schulklassen oder andere Gruppen, die uns im Bundeshaus besuchen: »Wie sieht eigentlich der Tag einer Nationalrätin aus? Pendeln Sie von Luzern nach Bern oder haben Sie in Bern eine Wohnung oder übernachten Sie in einem Hotel?« usw.

Der normale Tag während einer dreiwöchigen Session verläuft bei mir eigentlich ganz unspektakulär. Er beginnt morgens um 4.30 Uhr mit dem Vogelgezwitscher meines Weckers.

Wenn ich im Bad mit meinem Outfit fertig bin, beginnt die Arbeit in der Küche. Hier wird Kaffee gekocht und es werden leckere Brötchen hergerichtet. Dann geht's los. Der Bus Richtung Luzern fährt pünktlich ab und so gilt es, keine Zeit zu verlieren. Zu Fuss mache ich mich auf den Weg zur Busstation. Es passierte mir schon, dass ich einen Feiertag im Kanton Luzern nicht beachtete. Dann fahren die Busse nämlich wie an einem Sonntag. Und dann heisst das für mich: Fussmarsch zum Hauptbahnhof Luzern.

Der Zug in Luzern fährt um 6.00 Uhr ab und wenn ich dann kurz nach 7.00 Uhr in Bern ankomme, kann ich in aller Ruhe die Morgenstimmung im Nationalratssaal geniessen. Die gibt es wirklich! Es ist die Zeit, in der die ersten Sonnenstrahlen den Saal in ein rötliches Licht tauchen. Und es sind vor allem im Sommer die schönen Sonnenaufgänge, die die Atmosphäre des ganzen Bundeshauses verzaubern …

Langsam, aber sicher füllt sich kurz vor 8.00 Uhr der Saal unter der Bundeshaus-Kuppel mit Parlamentariern. Die Weibel und andere Angestellte des Hauses sind alle schon längst da, bevor die ersten Politiker eintreffen. Das Bundeshaus hat nämlich viele gute Geister. Sie sorgen dafür, dass immer alles klappt und der ganze Tag wie ein gut geöltes Räderwerk abläuft. Ihre Arbeit schätze ich sehr. Oft bleibt sogar vor der Sitzung etwas Zeit für ein kurzes Gespräch mit ihnen oder für ein Schwätzchen unter Kollegen.

Am frühen Morgen bietet sich auch die Gelegenheit, Zeitungen durchzusehen, politische Geschäfte vorzubereiten, die Post zu erledigen und noch ein wenig die Ruhe vor dem Sturm zu geniessen. Um 8.00 Uhr geht es los, Schlag auf Schlag im

Eiltempo, immer nach der Traktandenliste. Laufend werden Redner aufgerufen. Sie treten ans Pult, um Voten oder eine Stellungnahme abzugeben. Oder einfach für ein »Ja« oder »Nein« bei der nächsten Abstimmung zu werben. Wichtig ist, die »Geschäfte« immer gut zu beobachten, um auf dem Laufenden zu bleiben.

Die Mittagspause wird um 13.00 Uhr vom Ratspräsidenten eingeläutet. Um 15.00 Uhr geht es wieder weiter bis um 19.00 Uhr. Manchmal bis 22.00 Uhr oder sogar noch länger. Über Mittag nehme ich gern die Gelegenheit wahr und gehe hinaus an die frische Luft, um zu laufen. Hie und da esse ich eine Kleinigkeit und geniesse die Ruhe. Ach ja, die Ruhe. Das Parlament ist ein toller Arbeitsplatz, einer der schönsten über-

Sprecherin im Nationalrat *(Foto: SVP-Archiv)*

haupt. Aber es herrscht dort immer ein Treiben wie in einem Bienenhaus oder an der New Yorker Börse, verbunden mit einem sehr hohen Lärmpegel. Oft will der Ratspräsident Ruhe und Ordnung schaffen und läutet mit aller Kraft seine Glocke. Die Parlamentarier sind aber nur kurz etwas leiser, dann steigt der Lärm wieder unaufhörlich an, bis zum nächsten Läuten des Präsidenten.

Zu Hause bin ich fast immer in Bewegung und sitze nur selten. So ist für mich die sitzende Tätigkeit bei Sessionen, Sitzungen, Veranstaltungen und Anlässen sehr ungewohnt. Aber ich arrangierte mich im Laufe der Zeit mit den gegebenen Situationen und komme heute ganz gut damit zurecht. Schliesslich ist es eine ehrenvolle und wichtige Aufgabe in Bern, die ich zu erfüllen habe. Für diese strenge ich mich gerne an und halte dabei auch einiges aus.

Nach den Parlamentssitzungen am Abend eile ich zum Bahnhof und steige wieder in den Zug, diesmal Richtung Luzern. Wenn irgendwie möglich und wenn es die Wetterlage erlaubt, übernachte ich zu Hause. Das ist einfach am schönsten! Die einstündige Heimreise bietet mir Gelegenheit zur inneren Einkehr. Es ist für mich eine Gelegenheit, von der Politik etwas abzuschalten und Abstand zu gewinnen.

Oft reicht die Zeit zu Hause für einen kleinen Imbiss und für eine kurze Zeit des Zusammenseins mit der Familie. Ich kann am besten in meinem eigenen Bett schlafen. Auch wenn die Nacht nur kurz ist, kann ich mich deshalb zu Hause am besten erholen.

Über Mittag und abends finden in Bundeshausnähe jeweils zahlreiche Anlässe der verschiedenen Interessengruppen,

Organisationen und Verbände statt. Nur selten bin ich bei diesen Anlässen anzutreffen. Jeder Mensch muss für sich Prioritäten setzen. Meine Priorität ist am Abend die Familie und über Mittag brauche ich etwas Ruhe. Die Informationen, die ich für meine Entscheidungen im Rat benötige, erhalte ich trotzdem immer, wenn ich sie brauche. Ein Gespräch mit der zuständigen Person, ein Telefonat oder ein E-Mail genügen meistens. Es gibt natürlich dennoch Anlässe, die ich interessant und wichtig finde. Diese besuche ich gerne und nehme mir dafür auch entsprechend Zeit.

Oft arbeiten wir über Mittag in kleinen Gruppen, die sich einer bestimmten Thematik widmen. Dort besprechen wir das weitere politische Vorgehen in einer Sache. Ich gebe zu, es sind die weniger spektakulären Anlässe in Bern – ohne Wein und schmackhaftes Essen. Sie bieten aber einen geeigneten Rahmen für einen unkomplizierten und effektiven Informationsaustausch untereinander. Nur mit etwas Mineralwasser, aber dafür mit »Herzblut« gestärkt, stehen wir dann gemeinsam für eine wichtige Sache ein.

Zwischen den Sessionen verläuft ein normaler Tag bei mir so, dass am Vormittag eine Stunde reserviert ist für das Durchsehen und Bearbeiten der täglichen Post. Diese Arbeit muss jeden Tag erledigt werden, sonst stapelt sie sich sofort haufenweise. Die tägliche Papierflut ist nämlich gewaltig: Einladungen zu allen möglichen Veranstaltungen und Events, Anfragen der Medien für Interviews, Stellungnahmen zu verschiedenen Themen usw. Es sind Einladungen dabei für Veranstaltungen, die mehrere Stunden, einen halben Tag oder sogar mehr als einen ganzen Tag in Anspruch nehmen. Dazu Unterlagen und

Informationen aus dem Bundeshaus für die kommenden Abstimmungen und eine umfangreiche Vorschau auf die nächste Session. Im Weiteren gibt es Post von den Kommissionen, bei denen ich Mitglied bin. Verschiedene Verbände, Organisationen und Institutionen schicken im Voraus »Abstimmungsempfehlungen« für die nächste Session. Aber auch viel private Post von Personen, die mich aus den Medien kennen und sich mit einer Frage oder Bitte an mich wenden. Ich freue mich über die Reaktionen auf meine politische Tätigkeit und beantworte diese Post immer gerne nach bestem Wissen und Gewissen.

Anschliessend ist mindestens eine weitere Stunde reserviert für die Beantwortung von E-Mails und weitere Arbeiten am PC. Nicht selten erreichen mich über hundert E-Mails pro Tag. Und am Nachmittag schreibe ich Zeitungsartikel, erstelle Berichte und Texte für die Medien und für meinen Internet-Blog. Manchmal bietet sich auch noch die Gelegenheit für eine Coaching-Tätigkeit.

Unterbrochen wird der Tagesablauf nicht selten durch Anrufe der Medien. Diese lassen sich nicht planen. Die Journalisten erwarten dann kurzfristig die Stellungnahme zu einem bestimmten aktuellen Thema. Immer öfter gibt es auch persönliche Treffen in Luzern mit Maturanden oder Lernenden, die für ihre Diplomarbeit oder Vertiefungsarbeit Auskünfte zu ganz bestimmten Themen brauchen. Ich mache diese Arbeit auch sehr gerne und freue mich immer, wenn junge Leute sich für Politik interessieren. Abends finden ebenfalls sehr oft politische Veranstaltungen statt: Podien, Diskussionen und Vorträge. Ich bin deshalb viel ausser Haus. Aber ab und zu nehme ich doch eine Gelegenheit wahr für ein kulturelles Event, z.B. im KKL Luzern.

Mit den Nationalräten Pirmin Schwander, Simon Schenk und Ruedi Lustenberger in Escholzmatt

Auch am Wochenende ist für mich nicht immer Freizeit angesagt. Regelmässig muss ich bei wichtigen Veranstaltungen präsent sein. Das erwarten die Leute von mir. Doch wann immer es die Zeit irgendwie erlaubt, bin ich im Garten. Ich bin in Verbundenheit mit der Natur aufgewachsen. Dort fühle ich mich wohl. Ich arbeite viel mit dem Kopf und brauche deshalb unbedingt auch eine körperliche Betätigung. So ist der Garten für mich ein idealer Ausgleich. Es grünt, wächst, blüht, fruchtet und duftet bei uns rund ums Haus. Und das Wichtigste: Wenn ich im Garten arbeite, habe ich gleich ein Erfolgserlebnis und sehe die Früchte meiner Tätigkeit. Das ist in der Politik leider nur selten der Fall!

Wenn ich am Abend nicht aus dem Haus muss, wird gekocht. Kochen ist für mich nicht nur eine Lieblingsbeschäftigung, sondern Kochen ist für mich Magie! Ich kann mich dabei wunderbar entspannen und sogar träumen. Das anschliessende gemeinsame Essen und Zusammensein mit der ganzen Familie ist für mich immer ein Höhepunkt des Tages. Vor dem Schlafen runden ein kleiner Spaziergang, ein gutes Buch oder entspannende Musik den Tag für mich ab. Eine kurze Einkehr und mit stillen Worten der Dankbarkeit an meinen Schöpfer, diesen Tag überhaupt erleben zu dürfen, schlafe ich ein.

Es ist ein ungeliebtes, undankbares und emotionelles Thema im Parlament, über das nicht gerne gesprochen wird, denn alle Parteien sind mehr oder weniger davon betroffen. Und plötzlich stand das Thema doch im Mittelpunkt: die Abstimmungspräsenz! Bis dato war das Ganze eine »Blackbox« und das Volk wusste praktisch nichts über die Anwesenheit oder Abwesenheit ihrer gewählten Parlamentarier. Die Medien berichteten plötzlich darüber und veröffentlichten Statistiken mit Namensnennung. Da gab es Nationalräte, die bis zu 59 Prozent bei Abstimmungen nicht anwesend waren! Die Problematik wurde nun offensichtlich und allen klar: Es nützt nichts, Vorstösse einzureichen und grosse Reden zu halten, wenn man bei den entscheidenden Abstimmungen im Parlament nicht anwesend ist. Erfolg oder Niederlage eines Antrags, einer Motion oder eines Postulats hängen am Schluss wesentlich von der Präsenz der Parlamentarier ab, denn wer nicht da ist, kann nicht mitbestimmen. »Nationalräte sind vom Volk dafür gewählt, dass sie an den Abstimmungen im Parlament teilnehmen. Wer zu

50 Prozent fehlt, sollte sein Mandat abgeben«, meinte eine GLP-Nationalrätin zu diesem Thema in den Medien.

Ich persönlich erachte es als meine Pflicht, als gewählte Parlamentarierin anwesend zu sein und die Interessen meiner Wähler wahrzunehmen.

Warum sind eigentlich so viele National- und Ständeräte bei Abstimmungen nicht anwesend? Sie führen in der Wandelhalle Gespräche mit Journalisten, Lobbyisten und Interessenvertretern oder sie sind mit Besuchern im Bundeshaus unterwegs. Plötzlich zeigt ihr Meldesystem an, dass eine Abstimmung bevorsteht und sie rennen in den Saal. Einige schaffen es oft nicht mehr, rechtzeitig einzutreffen.

Als Vizepräsidentin der SVP-Fraktion im Bundeshaus war ich für die Präsenz der Nationalräte zuständig. Eine unangenehme Aufgabe! Dabei musste ich auch differenzieren: Es ist sicher eine Herausforderung für einen Unternehmer, seine Firma und das Parlament unter einen Hut zu bringen. Und es gibt natürlich auch entschuldigte Abwesende, aber leider auch solche, die sich am Morgen in die Präsenzliste eintragen, damit ihre Entschädigung, das Taggeld, kassieren und anschliessend kaum mehr an ihrem Platz zu finden sind. Das ist ein Ärgernis. Denn Hand aufs Herz: Wer kann es sich heute noch leisten, nicht an seinem Arbeitsplatz zu sein und trotzdem bezahlt zu werden?

Um auf diesen Misstand aufmerksam zu machen und die Präsenz der Nationalräte zu verbessern, reichte ich im Dezember 2012 eine Motion ein mit dem Ziel, diese zur Abstimmung im Parlament zu verpflichten. Wer dieser Verpflichtung nicht nachkommt oder an mehr als 30 Prozent den Abstimmungen fernbleibt, sollte kein Taggeld mehr erhalten.

Es war mir schon klar, dass ich mir mit diesem Vorstoss im Parlament keine neuen Freunde machen würde, denn schliesslich geht es dabei ums »Eingemachte«. Aber die Reaktionen in der Bevölkerung auf die Veröffentlichung der Abstimmungspräsenz in Bern waren heftig und haben beträchtliche Irritationen ausgelöst: Sie reichten von Erstaunen bis Empörung! Sehr viele Leute meldeten sich bei mir persönlich und fanden das Verhalten der fehlenden Parlamentarier einfach unfair. Sie wählen ihre Volksvertreter im Glauben, dass sie sich für ihre Interessen einsetzen, an den Sitzungen teilnehmen und letztlich auch abstimmen.

Das Büro des Nationalrates lehnte meine Motion ab mit der bekannten Begründung, dass kein Ratsmitglied zur Stimmabgabe verpflichtet sei. Und das solle auch in Zukunft so blei-

Podium der Krienser Politiker, mit CVP Ständerat Konrad Graber

(Foto: Hannes Herger)

ben. Zudem hätte sich die Abstimmungspräsenz der Parlamentarier im Lauf der Jahre stark verbessert.

Das stimmt. Heute sind Disziplin und Abstimmungsverhalten der Parlamentarier wesentlich besser. Vielleicht auch gerade deshalb, weil heute jeder Bürger unter der Internet-Plattform *www.politnetz.ch* nachsehen kann, wie der von ihm gewählte Parlamentarier bei den verschiedenen Geschäften abgestimmt hat und ob er überhaupt bei den Abstimmungen anwesend war oder nicht.

Zum Abschluss der Wintersession wurde von dieser Internet-Plattform am 13. Dezember 2013 noch eine ganz besondere Auszeichnung vorgenommen. Laut der Registrationen von »Politnetz« habe ich seit Beginn der Legislatur bei 2445 Abstimmungen nur achtmal gefehlt! Dieses Ergebnis hat offenbar kein anderer Parlamentarier erreicht und so durfte ich im Bundeshaus die Auszeichnung »Gläsernes Parlament« entgegennehmen. Das Schweizer Fernsehen berichtete darüber. Für mich ist die Anwesenheit bei Abstimmungen selbstverständlich und das erwarten auch meine Wähler. Trotzdem freute ich mich natürlich sehr über die öffentliche Anerkennung meiner Präsenz im Parlament!

Der unsägliche Lobbyismus in Bern

Wenn ich im Laufe eines Gesprächs mit Bürgern auf das Thema Lobbyismus in Bern zu sprechen komme, wird es emotional und viele sind wie elektrisiert. Sie können es einfach nicht verstehen, dass sich vom Volk gewählte Parlamentarier von einer bestimmten Institution für einen bestimmten Zweck einspannen lassen, anstatt sich als Volksvertreter für die Interessen der gesamten Bevölkerung einzusetzen.

Sie sind während der Session überall in den Wandelhallen des Bundeshauses anzutreffen: die Lobbyisten der Banken, Institutionen und Versicherungen, der Pharmaindustrie, der Stiftungen, der Gewerkschaften, der Verbände und Firmen. Sie sollen offiziell die National- und Ständeräte mit Informationen versorgen, d. h., sie letztlich aber dahingehend beeinflussen, dass sie die Abstimmungen in ihrem Sinn tätigen. Vorausgehend erhalten die Parlamentarier Einladungen zu allen möglichen Veranstaltungen, wie Vorträge, Apéros, Dinners und Talks, aber auch zum Lunch oder zum exklusiven Essen. Das Ziel der Lobbyisten bei diesen Parlamentariertreffen ist es, erste Kontakte zu den National- und Ständeräten herzustellen und ihnen auch erste »Statements« und Informationen zukommen zu lassen.

246 National- und Ständeräte in Bern haben insgesamt 1765 Mandate von Interessensvereinigungen aller Art. Diese Feststellung sagt eigentlich schon alles über die Unabhängigkeit der Parlamentarier. Es stellt sich deshalb die berechtigte Frage: Wen vertreten die Parlamentarier eigentlich bei ihren Abstimmungen in Bern? Den Bürger, der sie gewählt hat, oder ihre Brötchengeber, ihre Spender oder irgendwelche Interessengruppen? Gibt es im Parlament überhaupt noch echte, unabhängige Volksvertreter? Und wie kommen eigentlich diese Lobbyisten ins Bundeshaus?

Jeder National- und Ständerat erhält zwei Eintrittsausweise für das Bundeshaus, sogenannte »Badges«, die er jeweils an zwei Personen abgeben kann. Der Inhaber dieses Badges hat dann während vier Jahren dauernd und uneingeschränkt Zugang zum Bundeshaus. Diese Eintrittsausweise, die eigentlich für persönliche Mitarbeiter oder Angehörige bestimmt wären, werden von den Parlamentariern aber meistens an Lobbyisten abgegeben.

Insgesamt dürfen also 246 National- und Ständeräte Zutrittsausweise für das Bundeshaus vergeben. Theoretisch können sie so 492 Lobbyisten ins Bundeshaus holen. In der Praxis sind aber viel mehr Ausweise im Gebrauch, denn dazu kommen noch die Ausweise für rund 160 Journalisten (insgesamt sind in Bern rund 600 Journalisten akkreditiert) und 30 Fotografen sowie für 46 kantonale Lobbyisten. Im Weiteren gibt es Ausweise für eine unbekannte Anzahl Bundesangestellter oder Angestellte bundesnaher Betriebe, die im Bundeshaus ebenfalls die Interessen ihrer Ämter wahrnehmen. Dazu kommen die ehemaligen Parlamentarier, denn es gilt: einmal im Bundeshaus, immer im Bundeshaus. Diese Alt-Parlamentarier beanspruchen laut Parlamentsdienst 385 Ausweise und somit können National- und Ständeräte – auch nach einem Rücktritt – weiter ungehindert als Lobbyisten in Bern arbeiten. Es gesellen sich noch weitere 273 Personen dazu, die laut Eigendeklaration für Verbandszeitschriften und diverse Publikationen tätig sind. De facto sind es aber Lobbyisten unter dem Deckmantel des Journalismus. Insgesamt hat eine Armada von rund 1400 Lobbyisten Zutritt zum Bundeshaus. Alle bisherigen Vorstösse, den Einfluss dieser gewaltigen Lobby einzudämmen oder mehr Transparenz zu schaffen, sind bis heute gescheitert. Warum? Weil praktisch alle Parlamentarier an den

Lobbyisten interessiert sind und diese wieder indirekt für sie Nutzen bringen!

Ist es da noch ein Wunder, dass der Einfluss der Lobbyisten im Parlament gross ist? Verbände, Organisationen und Firmen versuchen, über Lobbyisten unsere Volksvertreter, die National- und Ständeräte, gezielt für ihre Zwecke einzuspannen. Die Einflüsterer versorgen sie oft sogar – unter dem Deckmantel der Information – mit passenden, druckfertigen Unterlagen. Und die meisten Parlamentarier knicken leider unter diesem »Informationsdruck« ein.

Ein Beispiel: Das Gesundheitswesen – eigentlich müsste man sagen Krankheitsmarkt – ist ein enormer Wirtschaftszweig unseres Landes und umfasst 65 Milliarden Franken. Soviel Geld wird pro Jahr in diesem Bereich umgesetzt. Tendenz steigend! Das Interesse an dem »Kuchen« ist entsprechend gross und unzählige Firmen und Institutionen streiten sich darum. Auch die mächtige und hervorragend organisierte Gesundheitslobby in Bern kümmert sich um das lukrative Milliardengeschäft. Ihre Lobbyisten vertreten Ärzte, Krankenkassen, Spitäler, Versicherungen, die Pharmaindustrie usw. Alle Grossen und Mächtigen haben in Bern ihre Vertreter in der Gesundheits-Kommission (SGK) oder im Parlament.

Nur die Prämienzahler der Krankenkassen – also meistens die »einfachen« Bürger – sind in Bern praktisch nicht vertreten und haben keine Lobby hinter sich. Obwohl genau diese einfachen Bürger die betreffenden National- und Ständeräte gewählt haben! 13 Ständeräte und 25 Nationalräte sassen damals in der Gesundheitskommission. Sie waren gleichzeitig in einer Vielzahl von Verbänden und Organisationen, z. B. in Krankenkassen oder Pharmafirmen tätig, sei es als einfaches Mitglied, als Verwaltungsrat, oder sie hatten ein Beratermandat in irgendeiner Form inne. Von diesen insgesamt 38 Parlamentariern waren nur zwei Personen nicht mit einem Verband oder einer Firma des Gesundheitsbereichs verstrickt. Das sagt alles! Sie konnten so u. a. über viele Jahre erfolgreich verhindern, dass günstigere Parallelimporte für Medikamente zugelassen wurden.

Ich war selbst zwei Jahre in der nationalrätlichen Gesundheits-Kommission und konnte diesbezüglich entsprechende Erfahrungen sammeln. Aber damit wir uns richtig verstehen: Lobbyismus ist für mich nicht grundsätzlich schlecht, sofern er nicht einzelne oder persönliche Interessen vertritt. Das Ziel sollte immer von allgemeinem Interesse sein.

Zum Beispiel die Senkung der ständig steigenden Krankenkassenprämien. Doch warum passiert nichts in dieser Richtung? Weil es allen Beteiligten im Gesundheitsbereich damit gut geht: den Krankenkassen, den Spitälern, der Pharmaindustrie und den Ärzten. Deshalb ist offenbar niemand daran interessiert, das bestehende »System« zu ändern. Und weder unser exzellent bezahlter Preisüberwacher noch die Konsumentenschützer unternehmen etwas gegen die immer weiter rasant steigenden Prämien.

Was wäre eine einfache und praktikable Lösung? An einzelnen Schrauben zu drehen, bringt langfristig nichts. Alle am Gesundheitssystem beteiligten Personen und Institutionen müssten ihre Ansprüche zurückschrauben: Ärzte, die Pharmaindustrie, Spitäler und Krankenkassen: Nur so könnten meiner Meinung nach die ständig steigenden Prämien endlich gestoppt werden.

Wenn Sie mehr über den »Gesundheits-Lobbyismus« wissen möchten, empfehle ich Ihnen das Buch: »Die Schweiz hat das beste Gesundheitssystem – hat sie das wirklich?« Dr. med. Hans Heinrich Brunner, den ich noch von der Politik her kenne, muss wissen, wovon er spricht: Zehn Jahre lang war er Präsident der Schweizer Ärztevereinigung FMH und über zwei Jahre Vizedirektor des Bundesamtes für Gesundheit (BAG). Zusammen mit dem Gesundheitsökonomen Dr. Heinz Locher schrieb er ein Aufsehen erregendes Buch. Es ist eine schonungslose Abrechnung mit dem Schweizer Gesundheitssystem, mit den Ärzten, mit der übermächtigen Pharmaindustrie, den Krankenkassen. Brunner prangert darin Missstände an und beschreibt fragwürdige Machenschaften! Laut Dr. med. Ludwig Heuss versuchte Brunner, die »hundertköpfige Hydra des Gesundheitswesens« in den Griff zu bekommen. Vergebens! Wer das Buch gelesen hat, ist definitiv von seinen Illusionen über unser Gesundheitswesen befreit!

Mein Credo zum Lobbyismus lautet deshalb: Wenn ich ein Mandat annehme und mich dafür bezahlen lasse, bin ich nicht mehr frei in meinen Entscheidungen. Dadurch entsteht nicht nur eine moralische Abhängigkeit, sondern eine Art Verpflichtung und mit der Zeit sogar Verfilzung. Die Verbindung der Parlamentarier mit verschiedenen Institutionen kann so problematisch werden, wenn der Wähler nicht weiss, welche Mandate und welche Interessen ein Parlamentarier vertritt. Deshalb meine Empfehlung: vor einer Wiederwahl unbedingt die Interessen-Bindungen des Betreffenden im Parlament nachlesen unter *www.parlament.ch* oder bei Firmen-Bindungen *www.moneyhouse.ch*.

Von Anfang an war ich im Parlament eine der ganz wenigen National- und Ständeräte ohne Mandat und ohne bezahlte Interessenbindung. Trotzdem unterstütze ich u. a. unermüdlich und tatkräftig einen attraktiven, sicheren Wirtschafts- und Unternehmensstandort Schweiz. Ein Anliegen, das mir sehr wichtig ist. Ohne Mandate kann ich mich viel besser für die Interessen der Schweiz und meiner Wähler einsetzen. Und wenn mir eine Sache oder ein Projekt wirklich am Herzen liegt, dann werde ich mich auch ohne ein Honorar dafür engagieren und nicht zuerst fragen: »Was schaut dabei für mich heraus?« So engagiere ich mich z. B. immer wieder aktiv für verschiedene Abstimmungskampagnen, die mir wichtig erscheinen.

Die Lobbyisten bilden in Bern eine Art Schattenkabinett. Sie sind die wahren Strippenzieher hinter den Kulissen und bestimmen letztlich, was im Bundeshaus geschieht. Und darum ist die Politik in Bern auch so, wie sie ist. Obwohl es in der Vergangenheit eine ganze Reihe erfolgloser Versuche gab, den Lobbyismus in den Griff zu bekommen, werde ich das Thema weiter verfolgen.

Übrigens: Die Zahlen und Daten, die ich in diesem Kapitel genannt habe, stützen sich hauptsächlich auf das Jahr 2012 und stammen vorwiegend aus dem »BEOBACHTER«-Beitrag »Der Befangenenchor« vom 14. Oktober 2012.

Meine Lebensphilosophie

Ich weiss, es ist nicht üblich, dass sich eine Politikerin mit solchen Themen beschäftigt, denn sie haben mit realer Politik nichts zu tun. Doch diese und ähnliche Fragen beschäftigen mich schon immer, und ich bin mit diesen Interessen nicht allein. Das weiss ich aus vielen Gesprächen.

Die Frage nach Macht, Geld und Ruhm

Die weltweite Finanz- und Wirtschaftskrise erschüttert die Staaten, insbesondere die USA und Europa. Hinzu kommen Millionen-Saläre für Banker und Manager, horrende Boni und »goldene Fallschirme« für Ex-Chefs. Exzesse und kriminelle Machenschaften der Grossbanken wurden publik. Kaum ein Thema hat die Menschen derart beschäftigt und die Auswirkungen dieser Exzesse sind noch überall spürbar. Für mich und viele andere Mitmenschen stellt sich dabei unweigerlich die Frage: »Wieviel Geld braucht eigentlich der Mensch, um ein anständiges und zufriedenes Leben zu führen? Müssen es bei einigen Personen wirklich immer Millionen sein?« Meine Antwort ist ein ganz klares »Nein!«.

Es geht dabei nicht um die grundsätzliche Frage »Haben oder Sein«, wie es Erich Fromm postulierte, sondern um eine gesunde Mischung. Ich glaube aber, dass Geld hier bei uns im Westen allgemein stark überbewertet wird. Da ich aus einem sozialistischen Land komme, ist für mich der Kontrast besonders gross. Und wenn ich darüber hinaus sehe, was alles dem Geld geopfert wird, nämlich auch Natur und Umwelt, dann stimmt mich das traurig. Über Geld spricht man nicht, heisst ein ungeschriebenes Gesetz. Ich machte mir im folgenden trotzdem zum Thema Geld einige grundsätzliche und ganz persönlichen Gedanken.

Ich spreche nicht von einer beruflichen Tätigkeit, die Freude macht, Befriedigung bringt und ein gutes Einkommen sichert, sondern einzig und allein um das reine Scheffeln von Geld. Viele Menschen kriegen nämlich nie genug davon. Ihr Ziel ist immer mehr und immer noch mehr. Aber ist es eigentlich sinnvoll, mit dem Streben nach Geld viel Stress auf sich zu nehmen, seine Gesundheit zu ruinieren und im letzten Drittel des Lebens das ersparte Geld wieder für Medikamente, Ärzte und Spitäler auszugeben? Oder schon frühzeitig, infolge Überarbeitung und Stress, unseren schönen Planeten zu verlassen? Lohnt es sich, allein wegen des Geldes unsere guten Beziehungen, unseren Freundeskreis und unsere noch intakte Umwelt zu zerstören? Ich glaube nicht!

Geld ist an und für sich nichts Schlimmes und wir benötigen es jeden Tag. Es ist neutral. Entscheidend ist, wieviel Geld wir anstreben und wie wir damit umgehen. Es muss auch nicht unseren Charakter verderben, aber Geld legt offen, was für einen Charakter ein Mensch hat!

Wir können nämlich unser Geld letztlich dafür einsetzen, um uns lang gehegte Wünsche zu erfüllen, aber auch, um anderen Menschen oder Institutionen Schaden zuzufügen und sie zu ruinieren. Wir alle brauchen Geld zum Leben, das ist gar keine Frage. Menschen mit einem etwas höheren Einkommen sind auch zufriedener. Denn Geld ermöglicht ein längeres und besseres Leben. Es löst viele Probleme, macht unabhängig und gibt eine gewisse Sicherheit. Aber warum gleich Millionen? Würde etwas mehr Bodenhaftung manchen Personen nicht besser anstehen?

In dem Moment, in dem ich dieses Buch schreibe, gibt es in der Schweiz offiziell über eine halbe Million Menschen, die von Armut betroffen sind. Ist es da ein Wunder, wenn sich in der Bevölkerung Wut und Zorn über die Millionen-Saläre gewisser Leute breitmacht? Jahrelang war das Thema »Abzocker« fast täglich in den Medien präsent. Die Leute hatten langsam genug davon, es musste eine Lösung her. Eine populäre Lösung präsentierte dann der parteilose, aber der SVP-Fraktion angeschlossene Schaffhauser Ständerat Thomas Minder mit der »Abzocker-Initiative«, die am 3. März 2013 vors Volk kam. Wie erwartet wurde die Initiative mit 67,9 Prozent angenommen. Sie wird seit dem 1. Januar 2014 umgesetzt.

Wenn wir Geld als einzig erstrebenswertes Ziel vor unseren Augen haben, machen wir uns von ihm abhängig und werden zu dessen Sklaven. Wir sind nicht mehr frei und leben in ständiger Angst, unser Geld wieder zu verlieren! Reich ist nicht, wer viel Geld besitzt. Reich ist derjenige, der auf einen grossen Erfahrungsschatz zurückblicken kann, dem Liebe, Freundschaft und gute Beziehungen wichtig sind. Anlässlich einer Beerdigung soll jemand über den Verstorbenen gesagt haben: Er war ein sehr armer Mann – er hatte nur Geld, sonst nichts! Wer möchte schon, dass über ihn einmal so etwas gesagt wird.

Der Wunsch nach Reichtum hat seinen Ursprung oft in der Kindheit. Der Betreffende wuchs in armen Verhältnissen auf und musste für alles kämpfen. Als Erwachsener will er sich mit Geld absichern und er kann sich nun damit Dinge leisten, von denen er in seiner Jugendzeit nur träumen konnte. »Ich will viel Geld verdienen«, lautet seine einzige Devise. Doch kein Mensch kann ein ganzes Berufsleben lang gesund und erfolgreich eine Tätigkeit ausüben, wenn er sie nur ungern und nur des Geldes wegen macht. Für viele Menschen stellt Geld auch eine Krücke dar, mit der sie glauben, innere Ängste, Defizite und Unsicherheiten ausgleichen zu können.

Ich konnte in meiner Coaching-Praxis auch immer wieder feststellen: Sehr wohlhabende oder prominente Zeitgenossen haben in ihrer Partnerschaft oft ein Problem. Sie stellen sich in bestimmten Situationen die Frage: «Liebt mein Partner eigentlich mich als Person oder liebt er doch eher mein Geld?» Bereits die ersten Schwierigkeiten in einer Beziehung werden oft zur Bewährungsprobe und zeigen schonungslos die Wahrheit. Leider ist es dabei für viele bereits zu spät. Geld allein macht leider nicht glücklich und erst recht nicht im privaten Bereich!

Vielleicht fragen wir uns einmal: »Was wäre ich ohne Geld und Besitz? Würde ich dann auch noch von der Öffentlichkeit respektiert oder bei den Medien im Mittelpunkt stehen? Hätte ich ohne Geld und Besitz auch noch die gleichen Freunde und

Kollegen oder wäre ich dann ein Niemand? Und wenn ich durch tragische Umstände alles verlieren würde: Welche Menschen würden sich sofort von mir abwenden und welche würden trotzdem zu mir stehen, mich akzeptieren und schätzen als Person?« Ein Olympiasieger erzählte einmal mit trauriger Stimme, dass er seinerzeit von einer Institution nicht als Person zu verschiedenen Veranstaltungen eingeladen wurde, sondern weil er Olympiasieger und damit für sie ein wichtiger Werbeträger war. Leider ist diese Situation im Sport heute die Regel.

Der Mensch hat tausend Wünsche. Doch wenn er krank ist, hat er nur noch einen: wieder gesund zu werden! Was nützt ihm letztlich ein millionenschweres Bankkonto, wenn er mit einer lebensgefährlichen Erkrankung im Spital liegt? Innert Minuten haben materielle Werte keine Bedeutung mehr! Sie sind für uns nur dann sinnvoll, wenn wir sie auch wahrnehmen und geniessen können!

Wenn wir also einmal zu einem ehrlich erarbeiteten und verdienten Wohlstand gekommen sind, heisst die richtige Einstellung: geniessen und andere Menschen daran teilhaben lassen! Die rare Spezies der Lebenskünstler setzt sich dann in Ruhe hin und geniesst das Erreichte, so wie der Bauer am Abend über seinen Acker geht und sich an der aufgehenden Saat erfreut. Der Lebenskünstler hat immer Zeit und ein offenes Ohr für seine Mitmenschen. Er ist hilfsbereit, schätzt und geniesst jede Kleinigkeit, die ihm das Leben bietet. Aber er ist eine Ausnahme: Die meisten Menschen sind unermüdlich am »Geld verdienen«. Sie rennen umher, rastlos, ruhelos und gleichen einem Koch, der ständig kocht, sich aber nie hinsetzt, um zu essen!

In der heutigen Zeit wird über Milliarden gesprochen wie früher über Millionen. Hauptsächlich wenn es um Staatsausgaben geht. Aber haben wir uns auch schon überlegt, was eigentlich eine Milliarde ist? Eine Milliarde (1 000 000 000) sind eintausend Millionen! Das ist eine Zahl, die sich kein Mensch auf dieser Welt auch nur annähernd vorstellen kann!

Meine Meinung zu den gewaltigen Ausgaben des Bundes lautet: Wenn der Bundesrat Ausgaben von über einer Milliarde Franken plant, muss die Vorlage automatisch zur Abstimmung vors Volk kommen. Das Volk soll an der Urne selbst entscheiden, ob es diese Ausgaben tätigen möchte oder nicht. Das sollte eigentlich in einer direkten Demokratie, wie wir sie haben, selbstverständlich sein, denn schliesslich geht es um Steuergelder!

Ein Beispiel: Am 5. Juni 2012 hat das Parlament einen Kredit für die Auslands-Entwicklungshilfe der nächsten vier Jahre bewilligt: unglaubliche 11,3 Milliarden Franken. Das sind 11 300 000 000 – elftausenddreihundert Millionen Franken! Ich wehrte mich im Parlament zusammen mit der SVP gegen dieses Vorhaben. Doch eine Allianz von FDP, CVP, BDP, GLP, SP und Grünen peitschte den Antrag durch.

Zur gleichen Zeit fehlt hier in der Schweiz das Geld an allen Ecken und Enden. Praktisch jeden Tag berichten die Medien über Sparmassnahmen in irgendeinem Bereich. Dazu immer wieder Steuererhöhungen und höhere Abgaben für die Bürger. Wir sollen für diese enormen Auslandsausgaben immer länger arbeiten und bald wird wohl darüber diskutiert, das

Rentenalter auf 70 Jahre anzuheben, um diese Kraftakte überhaupt noch bewältigen zu können!

Meine Meinung dazu: Wie wäre es, wenn wir zum Beispiel dieses Geld für die fragwürdige Entwicklungshilfe – oder mindestens einen Teil davon – hier in der Schweiz für Bedürftige und Menschen, die an der Armutsgrenze leben, verwenden würden? Wäre es nicht eine edle Aufgabe von Bundesrat und Parlament, zuerst für die Schweizerinnen und Schweizer hier im Land zu sorgen, anstatt Milliarden ins Ausland zu schicken?

Ich denke dabei an sozial Schwache in der Schweiz mit einem geringen Einkommen, die nur mit Sozialhilfe existieren können. Auch diese Menschen sollten ein besseres Leben führen dürfen! Ich denke auch an alleinstehende, alleinerziehende Personen oder an die Bergbevölkerung. Und ich denke an Behinderte und an all diejenigen hier in der Schweiz, die nicht auf der Sonnenseite des Lebens stehen! Um es klar zu sagen: Nicht nur Asylanten, Migranten oder die »Dritte Welt« haben das Recht auf ein anständiges Leben, sondern auch Schweizerinnen und Schweizer! Ist es nicht eine Schande, wenn wir bei diesen unvorstellbaren Auslandsausgaben gleichzeitig von amtlicher Stelle hören, dass hier in der Schweiz, dem angeblich reichsten Land der Welt, 580 000 Menschen ein Leben in Armut führen? Und laut »Bundesamt für Statistik« (BFS) über eine Million Menschen als armutsgefährdet gilt! Die Dunkelziffer dürfte noch wesentlich höher sein! Ganz ehrlich gesagt: Ich schäme mich dafür!

Doch damit nicht genug. Trotz dieser enormen Beträge für die Entwicklungshilfe kommen Jahr für Jahr Zehntausende

Asylanten und Wirtschaftsflüchtlinge in die Schweiz. Die Gesuche sind in den letzten Jahren geradezu explodiert und steigen weiter. Das leidige Asylwesen ist fast nur negativ besetzt: Sozialhilfe, Nothilfe, Kostensteigerungen, Kriminalität, Drogen, Gewalt, Drohungen, Einbrüche, Überfälle, Verbrechen aller Art, »Papierlose«, Ausschaffungen. Die zusätzlichen Ausgaben der Schweiz für das Asylwesen sind ebenfalls unvorstellbar: 1,3 Milliarden Franken waren allein für das Jahr 2013 budgetiert! Also 1 300 000 000 (eintausenddreihundert Millionen Franken)! Der Endbetrag dürfte aber letztlich noch wesentlich höher sein.

Warum bekommen wir eigentlich das Asylwesen nicht in den Griff? Die Antwort ist relativ einfach: Weil sich daraus eine ganze Asylindustrie, ein Wirtschaftszweig entwickelt hat! Kaum jemand aus dieser »Industrie« hat ein Interesse daran, an der bestehenden Situation etwas zu ändern. Nicht nur Hilfswerke aller Art und eine Unzahl von Organisationen leben gut davon, sondern auch Wohnungsvermieter, Anwälte, Dolmetscher, Psychologen, Therapeuten, Sicherheitsdienste, Reiseunternehmen, öffentliche Betriebe usw. Dazu schafft das Asylwesen auch noch Arbeitsplätze: Allein das »Bundesamt für Migration« (BFM) beschäftigt derzeit 761 Personen.

Viele Bürger wissen, wie die Sache um das Asylwesen steht und was zu tun wäre. Aber niemand spricht es aus! Ich muss dabei immer an das wunderbare und tiefsinnige Märchen von Hans Christian Andersen denken: »Des Kaisers neue Kleider«. Alle Leute wissen und sehen, dass der Kaiser nackt ist, aber niemand getraut sich, es ihm oder jemand anderem zu sagen. Für mich ist es ein sehr aktuelles Märchen, denn auch im täglichen Leben begegnen wir immer wieder des Kaisers neuen Kleidern. So in der Kunst, aber ab und zu auch in der Architektur, im Theater oder anderswo. Die Menschen wissen oft sehr wohl, was gut ist und was nicht und machen sich ihre eigenen Gedanken. Aber nur ganz wenige wagen es, die Wahrheit öffentlich auszusprechen. Zivilcourage wird heute bei uns nämlich kleingeschrieben!

Es ist auch viel leichter, einfacher und bequemer, mit dem Strom, mit der allgemeinen Meinung zu schwimmen. Auch viele Politiker tun das und vertreten gern eine Meinung, die ihnen als Mehrheitsmeinung suggeriert wird. Denn eine eigene Meinung zu haben, braucht Mut und manchmal auch Courage in der Öffentlichkeit!

Trotzdem möchte ich Sie bitten: Übernehmen Sie in einer Sache nie die Meinung von jemand anderem. Bilden Sie sich eine eigene Meinung anhand von Fakten und ihrer inneren Überzeugung! Vertreten wir gemeinsam unsere Standpunkte und sagen wir, was uns beschäftigt. Stehen wir zu uns selbst und sind wir uns gegenüber ehrlich. Wir leben damit alle glücklicher und zufriedener. Dank und Respekt vieler Mitmenschen sind uns sicher!

Ich sage es ganz offen: Ich habe etwas gegen die meisten Grossen und Mächtigen dieser Welt. Besonders wenn einzelne Personen ihre Macht ausüben – über andere. Ich habe etwas gegen diejenigen, die uns befehlen wollen, was wir zu tun haben, was für uns gut ist und was nicht. Und ich wehre mich gegen Diktatur und jede Art von Staatsgewalt! Vielleicht hat diese Abneigung etwas mit meiner Herkunft zu tun. Im sozialistischen Regime, in dem ich aufwuchs, wurde die Macht hemmungslos ausgeübt. Und die Regierung hatte Rückendeckung vom kommunistischen Machtapparat in Moskau. Die Menschen im Land hatten absolut nichts zu sagen.

Jetzt könnte ich etwas böswillig fragen: Ist es bei uns hier in der Schweiz, in einigen Fällen, wirklich anders? Oder gibt es hier nur eine etwas abgeschwächte oder »verdeckte« Form der Machtausübung? Oder versucht nicht auch der Bundesrat, seine Macht immer mehr auszubauen, vielfach gegen den Willen der Bevölkerung? Bei Abstimmungskampagnen werden vom Bundesrat oft Steuergelder für »einseitige« Propagandazwecke eingesetzt, um neue Gesetze beim Volk durchzuboxen. Mehr noch: Bundesräte nehmen sogar persönlich an Abstimmungskämpfen teil und gehen auf Wahlkampftour. Und einige Politiker – sind sie einmal vom Volk in ein höheres Amt gewählt – versuchen unverhohlen, ihre Macht auszuüben. Aber nicht nur in der Politik, sondern auch bei Institutionen und Behörden spielen sich Machtkämpfe ab. Meistens geht es dabei um Prestige oder Geld – oder um beides. Und regelmässig lesen wir in diesem Zusammenhang von Macht- und Amtsmissbrauch.

In der »grossen Politik« geht es letztlich nur um Macht und Machterhalt. Wer etwas anderes erzählt, ist im falschen Film! Es geht hier lediglich um die Differenzierung: Einige Leute haben nur Macht und Geld als Ziel vor Augen. Regieren, Macht ausüben und im Mittelpunkt stehen ist für diese Spezies das höchste aller Gefühle. Andere möchten aber ihre Macht dazu nutzen, um sich in erster Linie für Menschen, für die Gemeinschaft oder für das Land einzusetzen. Damit wir uns richtig verstehen: Gemeint sind hier nicht diejenigen, die in unzähligen Gremien, Verbänden, im Gemeinderat, Regierungsrat oder Kantonsparlament seriös und pflichtbewusst ihre Arbeit verrichten. Es geht hier um Exponenten, bei denen Macht, Machtausübung, Machterhaltung und Machtvermehrung erste Priorität haben!

Das entscheidende Problem im Zusammenhang mit der Macht ist wieder einmal der Mensch selbst. Der Wähler wird leider oft von einem machthungrigen Kandidaten nur dazu benutzt, um ihm zu einer Machtposition zu verhelfen. Ist die Person dann gewählt und im Amt, hat sie ihr Ziel erreicht und braucht den Wähler nicht mehr. Leider wird dann sehr schnell vergessen, dass der Gewählte diese Position allein dem Volk zu verdanken hat. Vielfach spielt als Anreiz zur Macht auch Geld eine zentrale Rolle, denn Macht und Geld vertragen sich gut. Nicht nur das, sie ergänzen sich geradezu ideal: Geld bedeutet Macht und Macht bringt wieder Geld!

Auch über diese Zusammenhänge machte ich im Laufe der Zeit einige ganz persönliche Beobachtungen. Betrachten Sie die nachfolgenden Gedankensplitter nicht als Belehrung, sondern als meine rein subjektive Feststellung.

Eine ganz bestimmte Spezies von Menschen setzen in ihrem Leben alles daran, um irgendeine Machtposition zu erreichen, insbesondere in der Politik. Für dieses Ziel ist ihnen jedes Mittel recht. Sie erhoffen sich davon letztlich Zufriedenheit und Glück. Sie setzen ihr ganzes Geld, ihre Gesundheit, ihre Zeit und Energie für dieses Ziel ein. Die enormen Aufwendungen bringen aber letztlich wenig, denn Macht und Ruhm haben noch nie einen Menschen auf Dauer glücklich gemacht! Im Gegenteil. Sie hindern uns daran, die wirklich erstrebenswerten Ziele im Leben zu erreichen. Denn Macht und Ruhm stehen dabei oft im Weg.

Wenn wir uns in eine Machtposition begeben, besteht auch immer die Gefahr, von der Macht eingenommen zu werden. Wir sind dann nicht mehr frei. Wir manipulieren andere und merken lange nicht, dass wir es sind, die auch manipuliert werden! Zudem verbinden wir Macht mit viel Ruhe und Zeit für uns selbst. Doch fragen Sie einen »Mächtigen«, ob er viel Zeit für seine Interessen und für sich selbst zur Verfügung hat. Ob er echte Freunde besitzt, genügend Zeit hat für seine Familie und ob er in seiner Situation zufrieden oder sogar glücklich ist. Menschen möchten geliebt werden, doch ein Mächtiger wird nicht geliebt. Er wird bestenfalls respektiert. Echte Freunde sind weit und breit keine zu sehen. Höchstens »Kollegen« oder sogenannte Trittbrettfahrer, die in irgendeiner Form von ihm und seiner Macht profitieren wollen. Passiert nämlich dem Mächtigen ein Fehler, braucht er Hilfe oder verliert er sogar seine Position, wird er von den Kollegen fallen gelassen wie eine heisse Kartoffel. Und je weiter eine Person nach oben kommt, desto extremer wird die Situation und desto einsamer wird es für sie. Ganz oben herrscht absolute Einsamkeit.

Nicht alle Menschen können mit Macht umgehen. Auch hier ist der Charakter der entscheidende Faktor, denn etwas zeigt sich immer wieder: Je grösser die Machtposition eines Menschen ist, desto eher wird sich auch die dunkle Seite seiner Persönlichkeit zeigen. Sie wird sich dazu bewegen lassen, ihre Energie einzusetzen. Macht wird nämlich die Eigenschaften, die wir bereits besitzen, noch verstärken, die positiven wie die negativen. In einer Machtposition werden wir unsere Charaktereigenschaften noch stärker ausprägen. Wenn jemand z. B. hinterhältig oder gemein ist, wird ihm die Macht Gelegenheit geben, noch hinterhältiger oder gemeiner zu sein. Ist jemand freundlich, nett und wohlwollend, dann wird ihm Macht die Chance geben, sich noch freundlicher und hilfsbereiter gegenüber seiner Umwelt zu zeigen. Der amerikanische Präsident Abraham Lincoln sagte es ausserordentlich treffend: »Willst du den Charakter eines Menschen kennenlernen, dann gib ihm Macht!«

Macht zu haben, ist deshalb für viele Menschen wie Doping: Sie können nicht mehr davon lassen! Es gibt eine Menge Leute, die auch nach einer sehr langen Amtszeit ihre Position nicht aufgeben können, um jemand anders Platz zu machen. Ihre Devise lautet: Macht und Machterhalt um jeden Preis! Warum?

Sie würden damit ihre für sie so wichtige Position verlieren und wären nachher nicht mehr in der Öffentlichkeit, sondern wieder ein ganz normaler Mensch. Sie würden nicht mehr im Mittelpunkt stehen, kaum jemand kümmerte sich um sie. Sie wären einfach wieder eine Privatperson, Herr oder Frau »Normalbürger«. Ihre Meinung wäre bei den Medien nicht mehr gefragt und es drohte sogar die Gefahr, vergessen zu werden. Davor haben sehr viele – Politiker wie Prominente – eine panische Angst! Und sie wollen dieser drohenden Gefahr vorbeugen, indem sie sich zunächst für die Zukunft entsprechend absichern. Dann sorgen sie vor, damit sie nach einem Rücktritt doch noch irgendeine – wenn auch niedrigere – Position bekleiden, um nicht als ein Niemand durchs Leben gehen müssen.

Für den italienischen Politiker und Philosophen Machiavelli ist deshalb Politik nicht gut für das Seelenheil eines Menschen. Politik ist für ihn »die Summe aller Mittel, um an die Macht zu gelangen, an der Macht zu bleiben und diese konsequent auszubauen, indem man seine Gegner diskriminiert und schwächt. Wenn sich jemand trotzdem entschliesst, Politiker zu werden, muss er sich dieser Tatsache bewusst sein!« Ich bin mir dieser Tatsache nur zu bewusst. Da ich aber keine wirkliche »Machtposition« anstrebe und deshalb in diesem Buch das schreiben kann, was ich denke, gehe ich diesbezüglich auch andere Wege!

Auch gesundheitlich ist nicht jede Person für ein anspruchsvolles Amt geeignet. Im höheren Machtbereich, in Spitzenpositionen, regieren oft Neid und Missgunst. Man wird mit Mobbing, Lügen und Diffamierungen konfrontiert. Ellenbogen und Ränkespiele werden für den Machterhalt eingesetzt. Es ist wie bei einem Ritterturnier: Jeder versucht, den anderen aus dem Sattel zu werfen!

Diesen Herausforderungen muss man erst einmal gewachsen sein. Der Charakter des Betreffenden wird dabei oft auf eine harte Probe gestellt. Ereignisse in jüngster Vergangenheit haben wieder gezeigt, dass zudem die enorme berufliche Belastung und der auf der Person lastende Druck nicht nur in einem Burn-out, sondern in einer Katastrophe enden kann, schlimmstenfalls im Suizid.

Denken wir deshalb bei einer wichtigen Entscheidung immer daran: Eine gesunde Portion Bescheidenheit hat noch nie geschadet. Vielleicht ist gerade diese Bescheidenheit ein Fallschirm, der uns vor einem tiefen Fall rettet. Denn wer ganz oben ist, kann auch ganz tief fallen.

Noch ein paar Gedanken zum Ruhm. Eine bescheidene Popularität, z. B. von anderen in der Öffentlichkeit erkannt zu werden, ist bestimmt angenehm. Vielen Zeitgenossen ist das aber zu wenig. Es muss, es soll mehr sein! Sie möchten einfach bekannt und berühmt sein. Sie möchten aus ihrer Anonymität heraustreten, sind sich aber der Schattenseiten des Ruhms nicht bewusst. Denn einige kommen damit gut zurecht, andere überhaupt nicht. Trotzdem drängen sie nach Anerkennung und möchten unter allen Umständen im Mittelpunkt stehen. Die heutigen Casting- und TV-Shows sprechen eine deutliche Sprache. Wenn dann beim plötzlichen Ruhm das Können fehlt, das wichtige Fundament – was oft der Fall ist –, kann das Ganze in einer Katastrophe enden. Von einem Tag auf den anderen wird einer Person die mediale und öffentliche Aufmerksamkeit entzogen und sie steht urplötzlich vor dem Nichts. Die Menschen werden in diesen TV-Shows oft aufgebaut, hochgespült und plötzlich wieder fallengelassen. Die Person ist dann ganz auf sich gestellt und muss mit dieser Situation auch ganz allein fertig werden.

Wer plötzlich berühmt wird und sich im Ruhm sonnt, lebt in der Scheinwelt der öffentlichen Aufmerksamkeit. Nimmt man ihm diese Bühne weg, ergeht es ihm so wie dem Süchtigen ohne Drogen. Es besteht dann für ihn die Gefahr eines Abgleitens in die Krankheit, in die Depression, in die Armut oder in den Alkohol.

Gewinnen oder an der Spitze stehen, kann glücklich machen. Doch wie lange hält der Siegesrausch an? Meistens kommt schon bald eine Leere. Und sofort taucht suchtartig der Drang auf, wieder an die Spitze zurückzukommen. Der Abstand zwischen Triumph und Leere wird in der Folge immer kürzer. Den inneren Frieden finden wir dabei nicht. Aussteiger, die vormals in ihrem Beruf sehr erfolgreich waren, sagen:»Ich hatte Erfolg im Beruf, aber keine Erfüllung. Nur Leere und den zwanghaften Drang nach noch mehr Erfolg. Was mir fehlte, waren gute Beziehungen, genügend Zeit, Lebensfreude und ganz besonders die Natur!«

Wenn ich mit Prominenten unter vier Augen spreche, haben sie alle nur einen einzigen, grossen Wunsch: wie ein normaler Mensch leben zu können! Einen ungestörten Einkaufsbummel machen oder mit guten Freunden im Café nebenan gemütlich ein aufbauendes Gespräch führen. Aber genau dieses normale Leben ist für wirkliche VIPs oder Prominente vielerorts praktisch nicht mehr möglich.

Prominent sein ist am Anfang sehr schön, kann aber auf Dauer zur Belastung werden. Es ist nämlich nicht einfach, kein Privatleben mehr zu besitzen, dauernd in den Medien zu sein oder sogar von Paparazzis verfolgt zu werden. Jeder Makel, jeder Fehler und jedes Missgeschick wird sofort öffentlich ausgeschlachtet. Damit muss man erst fertig werden!

Und noch etwas: Lassen wir uns nie auf einen Wettkampf ein, der Grösste, Reichste, Stärkste, Beste oder die Schönste zu sein. Es wird immer jemanden geben, der noch reicher, noch schöner, noch mächtiger ist, eine noch grössere Villa, einen noch grösseren Swimmingpool oder eine noch grössere Yacht besitzt. Früher oder später werden wir dieses Wettrennen mit Sicherheit verlieren! Ruhm ist leider auch sehr vergänglich. Wir sollten ihn deshalb nie überbewerten, denn er funktioniert nach dem Motto: Was gestern war, zählt heut' nicht mehr!

Schliesslich ist alles auf dieser Welt endlich und zeitlich begrenzt, so wie es Heinz Schenk in seinem wunderbaren Gedicht »Es ist alles nur geliehen« beschreibt. Und sich selbst nicht so wichtig nehmen in dem Wissen, dass jeder ersetzbar ist – diese Erkenntnis lässt uns viel leichter leben. Wenn ein Mensch weg ist, kommt einfach der nächste an seine Stelle. Das war schon immer so und wird auch in Zukunft so bleiben. Das Leben nimmt ganz einfach seinen Fortgang.

Sollen wir aber jetzt trotz dieser negativen Statements betreffend Macht ein öffentliches Amt anstreben? Ja, unbedingt, wenn wir höhere Ideale oder Ziele haben. Wir setzen uns ehrlich und engagiert für eine bestimmte Sache ein, für die Gemeinde, für die Region, für den Kanton, für die Nation oder die ganze Menschheit. Wir setzen uns ein für Menschen, um ihnen für ihr Leben und ihre Arbeit bessere Rahmenbedingungen zu schaffen oder sie in einer bestimmten Richtung zu unterstützen.

Und es gibt sie zum Glück noch, diese verantwortungsvollen Regierungsräte und »menschenfreundlichen« Magistraten, die für die Bürger ihr Bestes geben. Davon konnte ich mich persönlich überzeugen. Sie sehen das Wohl des Volkes als erste Priorität ihres Handelns. Sie kämpfen sich durch Schwierigkeiten hindurch, werden oft unfair behandelt und müssen vieles einstecken. Sie handeln nicht wie in einer Fernsehshow, in der es allein um Eigennutz und Selbstdarstellung geht, sondern sie nehmen ihr Amt ernst. Ihnen gehört meine Bewunderung und auch mein Dank!

Seit Jahren bin ich fast jeden Tag unterwegs und spreche mit Menschen auf der Strasse. Mich interessieren die Mitmenschen und ich suche ihren Kontakt. Mich interessiert besonders ihr Befinden, aber auch ihre Sorgen und Probleme. So bin ich unterwegs zu Fuss, mit dem Bus oder mit der Bahn, nur selten hingegen mit dem Auto. Mein Ziel ist die Stadt, der Markt oder irgendeine Veranstaltung in der ganzen Schweiz. Praktisch jede Woche besuche ich z. B. in Kriens oder Luzern den Markt. Obwohl ich jeweils als Wanderin gekleidet bin, mit Rucksack und Hut ausgestattet, erkennen mich viele Leute und es ergeben sich immer tolle Gespräche.

Wir kennen die Situation aus dem Ausland: Viele hochrangige Politiker oder Amtsträger leben in einem »Elfenbeinturm«. Sie haben keine Ahnung, was den »einfachen Bürger auf der Strasse« beschäftigt. Sie leben für sich, abgehoben in ihrer eigenen Welt. In der Schweiz ist es zum Glück noch nicht so weit, aber es gibt auch hier entsprechende Tendenzen in diese Richtung. Für mich ist das absolut unverständlich. Ich mag den einfachen und unkomplizierten Draht zu meinen Mitmenschen! Die täglichen Begegnungen mit Menschen gehören für mich zu den schönsten Seiten meiner politischen Tätigkeit!

So kommen fast täglich auf verschiedenen Wegen fremde Menschen – irgendwo in der Schweiz – auf mich zu, begrüssen mich und schütteln mir die Hand. Sie freuen sich offensichtlich, mich persönlich zu sehen. Einige sind erstaunt, eine ganz normale, einfache Frau anzutreffen. Sie loben meine politische Tätigkeit und machen mir Mut für die Zukunft. Das ist die schöne Seite der Medaille und ich erhalte die Bestätigung, dass mein politisches Engagement richtig ist.

Es gibt aber auch eine andere Seite. Bei diesen spontanen Gesprächen erfahre ich nämlich die wirklichen Sorgen, Bedenken und Nöte der Menschen. Sie sprechen über Schwierigkeiten, über einen drohenden Burn-out und über Partnerprobleme. Aber auch über die ungebremsten Einwanderungsströme und den ungewollten Bevölkerungszuwachs. Über das besorgniserregende Asylwesen, über die steigende Kriminalität: Schlägereien, Diebstähle, Einbrüche und Überfälle. Es geht um überfüllte Strassen, Autobahnen und öffentliche Verkehrsmittel, um steigende Bodenpreise und Wohnungsmieten. Auch über Krankenkassenprämien, die kaum mehr bezahlt werden können, über eine eventuell drohende Arbeitslosigkeit und ein befürchtetes Abgleiten in die Armut. Eltern beklagen sich über Gewalt, Konflikte und Probleme in der Schule. In den nächsten Jahren muss das Schweizer Volk über viele wichtige Vorlagen in dieser Richtung entscheiden.

Die Menschen schätzen es offenbar ausserordentlich, mit mir offen und vorbehaltlos über ihre Sorgen sprechen zu können. Das ist heute alles andere als selbstverständlich! Ich bin auch oft verblüfft, wie mir Menschen viele und sehr persönliche Dinge anvertrauen. Das ist erstaunlich, denn es ist fast eine Eigenart der Schweizer, privat nicht über aktuelle Probleme zu sprechen. Elegant umgeht man diese und widmet das Gespräch dem Wetter, dem Sport, den Ferien oder dem Klatsch in den Medien. Viele Menschen getrauen sich auch nicht mehr zu sagen, was sie bedrückt. Nur ja nichts und niemand beim Namen nennen! Und nicht anecken, keine Aufmerksamkeit erzeugen. Immer schön Mittelmass bleiben und mit dem Mainstream schwimmen. Einige haben Angst, missverstanden zu werden oder bei anderen auf Ablehnung zu stossen. Wir wollen nach aussen hin immer perfekt erscheinen. Für Sorgen und Nöte ist da wenig Platz.

Unter dem Motto »Bürgergespräche« hatte ich zudem in den letzten Jahren auch eine ganze Reihe öffentlicher Auftritte, in denen ich den Bürgern Rede und Antwort stand. Die Gespräche sind für mich auch heute noch wie ein Seismograf: Ich höre und spüre bei diesen Auftritten sofort, wo die Bevölkerung der Schuh drückt. Ich kann hier sehr gut den Puls des Volkes fühlen, denn ich möchte wissen, was die Menschen beschäftigt. Spätestens in der nachfolgenden Diskussion wird schnell klar: Eine grosse Anzahl Menschen ist auch mit der Regierung und vielen Entwicklungen und Entscheidungen in der Politik nicht einverstanden. Viele sind enttäuscht, frustriert oder sogar zornig. Warum?

Das politische Geschehen auf Landesebene bereitet den Menschen Sorgen. Es werden Entscheidungen getroffen, die nicht im Interesse der Mehrzahl unserer Bürger liegen. Dazu kommen laufend neue Richtlinien, Bestimmungen, Verordnungen und Gesetze. Sie schränken unsere Freiheit und unsere Volksrechte immer mehr ein. Bestimmte Volksinitiativen sollten – nach dem Willen des Bundesrates – im Voraus als ungültig erklärt werden. Zusätzlich gibt es ständig Anpassungen an die EU, die Unterzeichnung internationaler Verträge, die fremdes Recht über dasjenige der Schweiz stellen. Wir müssen aufpassen, dass die gelebte Demokratie dadurch nicht an die Wand gefahren und erdrückt wird!

Was können wir dagegen tun? Sind wir gegenüber diesen Entwicklungen völlig machtlos? Müssen wir hilflos zusehen, wie vieles, was die Schweiz stark gemacht und Wohlstand gebracht hat, »den Bach hintergeht«? Solche und ähnliche Fragen erreichen mich bei diesen Veranstaltungen immer wieder. Meine Antwort ist ein überzeugtes »Nein«, denn das Machtinstrument des Bürgers ist der Stimmzettel!

Der Bürger kann damit alles ändern! Er bestimmt damit, wer in Zukunft Politik machen soll. Er kann dank der direkten Demokratie, diesem einmaligen Grundrecht, bestimmen, was in seiner Gemeinde, in seinem Kanton, in unserem Land geschieht. Diese Möglichkeit – in einem derartigen Ausmass – haben Menschen in keinem anderen Land der Welt. Und genau dort fängt alles an: bei Wahlen und Abstimmungen!

Es gibt bekanntlich auch in der Schweiz Bestrebungen, die Volksrechte einzuschränken. Selbst für die Grossen und Mächtigen in unserem Land ist die einzigartige direkte Demokratie nicht immer angenehm. Ohne diese wäre für sie vieles einfacher, nach dem Motto: Regieren ist schön, wenn nur das Volk nicht wäre! Ja, das Regieren wäre dann einfacher, aber für das Volk sicher nicht besser. Sonst hätten uns andere Staaten in vielen Bereichen schon längst überholt.

Als ich in der ehemaligen CSSR erstmals frei wählen konnte, dachte ich nicht, dass ich später einmal in einem freien Land auf die Wichtigkeit von Wahlen und Abstimmungen aufmerksam machen muss! Viele Leute hier glauben nämlich immer noch, dass es nicht nötig sei, sich mit Politik zu beschäftigen. Man hat ja schliesslich Wichtigeres zu tun… Gleichgültigkeit und Bequemlichkeit schleichen sich ein. Das zeigt sich eklatant bei Wahlen und Abstimmungen. Oft gehen nur noch etwas über 40 Prozent der Stimmberechtigten oder sogar noch weniger an die Urne. Bei kommunalen und kantonalen Wahlen sind es oft nur noch etwas über 30 Prozent. Das heisst 30 bis 40 Prozent der Schweizer Bevölkerung bestimmen über 100 Prozent, also auch über die 60 bis 70 Prozent Nicht-Wähler. Vom Wahlrecht nicht Gebrauch zu machen, ist deshalb ein grosser Fehler. Es nützt nachher als Nicht Wähler auch sehr wenig, auf den Tisch zu klopfen und sich zu beklagen, was in der Schweiz alles schiefläuft.

Was glauben Sie, liebe Leser, wenn andere Staaten von unserem Recht der direkten Demokratie Gebrauch machen könnten, wie würde sich dann die Bevölkerung verhalten? Ich denke, viele Länder hätten dann eine Stimmbeteiligung von 98 oder 99 Prozent. Und in einigen Ländern würden die Menschen schon am Vortag der Wahl an der Urne Schlange stehen.

Das Schweizer Volk ist in meinen Augen das mächtigste Volk der Welt. Warum? Welches Land kann sich mehrmals im Jahr zu wichtigen Vorlagen, ja sogar zu Entscheidungen der Landesregierung äussern? Andere Staaten wählen einmal in vier oder fünf Jahren ihre Regierung und damit ist Schluss. Die Deutschen konnten weder zum vollzogenen EU-Beitritt noch zu anderen wichtigen Entscheiden an der Urne ihre Meinung kundtun. In anderen Ländern gibt es auch keine Möglichkeit, der Regierung auf die Finger zu sehen und schon gar nicht auf die Finger zu klopfen. Wir Bürger haben aber sogar die Möglichkeit, einen Entscheid des Parlaments und des Bundesrates mit einem Referendum oder einer Volksinitiative zu korrigieren. Diese einzigartige Macht haben wir der direkten Demokratie zu verdanken.

Viele vertreten die Meinung: »Die Politiker machen ja ohnehin, was sie wollen!« Das stimmt leider in sehr vielen Fällen, aber gerade auch wegen der geringen Stimmbeteiligung. Wenn wir nämlich die Möglichkeit verpassen, mit unserer Stimme aktiv auf die Politik Einfluss zu nehmen, wird sich dieser unheimliche Trend noch verstärken. Wir geben nämlich durch das Nicht-Wählen unsere Stimme dem politischen Gegner. Und denken wir immer daran: Verlorene Freiheit und Unabhängigkeit später wieder zurückzuholen, ist praktisch unmöglich. Leider ist es damit ähnlich wie mit der Gesundheit: Man schätzt sie erst, wenn man sie verloren hat!

Selbstbestimmung, Freiheit, Demokratie und Unabhängigkeit bekommen wir nicht gratis. Es sind wertvolle Güter, die sich unsere Vorfahren hart erkämpft haben. Und es ist ihnen gegenüber unsere Pflicht, diese vehement zu verteidigen. Wir wissen: Jeden Tag kämpfen und sterben Menschen auf dieser Welt, die für ihre Freiheit und für ihre Grundrechte kämpfen. Deshalb dürfen wir nicht gleichgültig werden und müssen unsere Rechte vermehrt wahrnehmen. Gehen Sie, liebe Leser, zu Wahlen und Abstimmungen und entscheiden Sie mit. Lassen Sie sich nicht alles gefallen und schon gar nicht, dass andere über Sie bestimmen! Nehmen Sie die Zügel selbst in die Hand. *Sie* haben die Macht, etwas zu verändern oder eine unheilvolle Entwicklung in der Politik zu stoppen! Und Sie entscheiden mit dem Stimmzettel, wer für Sie in Zukunft ihre Interessen in der Gemeinde, im Kanton oder in Bern vertritt!

Deshalb mein erneuter Aufruf: Wählen Sie eine Partei oder eine Person, die tatsächlich die Interessen der Bevölkerung und auch diejenigen unseres Landes vertritt. Das ist heute leider nicht mehr selbstverständlich. Hinterfragen Sie kritisch die Absichten der Politiker. Im Internetzeitalter können Sie diesbezüglich rasch einen Blick auf die Webseiten des Parlaments werfen *(www.parlament.ch)* und sich die Frage beantworten lassen: Wie haben die bereits von mir gewählten Parlamentarier bei den einzelnen Sachgeschäften in der Vergangenheit abgestimmt? Wer hat von wem ein Mandat inne und welche Interessenbindungen haben die Parlamentarier? Und waren sie bei den Abstimmungen überhaupt anwesend? Auskunft darüber erteilt die Webseite *www.politnetz.ch*.

Vom Sinn des Lebens

Wie kam ich eigentlich zu meinem Life-Coaching-Engagement? Bereits als Jugendliche interessierte mich diese Tätigkeit. Wie ich schon zu Beginn schilderte, konnte ich im Laufe meiner Praxistätigkeit feststellen, dass immer mehr Menschen mit Lebensproblemen kämpfen, Partnerschaftsprobleme oder persönliche Sorgen und Ängste über längere Zeit mit sich herumtragen. Es handelt sich dabei immer um wichtige Fragen oder Probleme. Viele Menschen spüren eine innere Leere, eine Sinnlosigkeit in ihrem Dasein. Aber niemand ist da, mit dem sie über all diese Dinge sprechen können und der sie versteht. Viele von ihnen suchten dann damals meine Praxis auf.

Irgendwie ist das Ganze mehr als kurios: Wir haben Computer, Internet, Facebook, Twitter, können jederzeit ein Mail versenden, rund um die Welt. Wir haben Handys, sind überall erreichbar, globalisiert und optimal vernetzt. Hunderte Fernsehsender kommen per Satellit zu uns ins Haus.

Trotzdem sind die Menschen aus meiner Sicht wesentlich ärmer geworden. Und die neuen Errungenschaften haben uns auch einsamer gemacht. Dazu irgendwie sprachlos, denn die Kommunikation vieler Menschen läuft heute nur noch in Kurzform ab, hauptsächlich über E-Mail und Facebook. Die Devise lautet: Kein Wort mehr als unbedingt notwendig!

Alles muss schnell und mühelos gehen. Wer nimmt sich heute noch die Zeit und schreibt einen ausführlichen Brief? Menschen schotten sich ab, wollen anonym bleiben, begeben sich aber damit in eine selbst gewählte Isolation. Für viele ist das Fernsehen noch die einzige Verbindung zur Aussenwelt und die Kommunikation verläuft – wie gesagt – über den Computer.

Darunter leiden persönliche Bindungen und es wird für die Betroffenen dadurch fast unmöglich, noch stabile, tragfähige Beziehungen oder Freundschaften aufzubauen.

Eigentlich sollte uns die moderne Technik helfen, das Leben zu erleichtern und Zeit zu gewinnen. Das tut sie auch. Doch was machen wir mit der »gewonnenen« Zeit? Anstatt diese für unsere Erholung zu nutzen, stürzen wir uns in neue Aktivitäten! Und so dreht sich das Rad immer schneller: Stress im Alltag, Hektik am Arbeitsplatz, Raserei auf der Autobahn …

Und was sind die Folgen? Unzufriedenheit mit sich und dem Leben, Enttäuschung und Frustration über die bestehende Situation. Die Menschen sind nervös, schlecht gelaunt und gereizt. Streitereien wegen Kleinigkeiten nehmen zu – Rechtsanwälte und Gerichte sind überlastet. Körperliche und psychische Krankheiten nehmen zu und wir brauchen immer mehr Ärzte …

Ich weiss, es ist ein düsteres Bild, das ich hier zeichne. Aber es entspricht leider der Realität! Wichtig ist: Wir dürfen uns in dieser Situation von den negativen Strömungen nicht auffressen lassen! Wir müssen ruhig bleiben und immer über den Dingen stehen!

Dazu ist unser Leben auch sehr oberflächlich geworden und der Dialog mit anderen Menschen besteht zum Teil nur noch aus Floskeln und Worthülsen: »Wie geht es dir?« Ganz ehrlich: Mit wem können wir heute noch ein ernsthaftes und tiefer gehendes Gespräch führen? Über Privates, über ein Problem oder über ein Weiterleben nach dem Tod? Viele Menschen getrauen sich auch gar nicht mehr, über bestimmte Dinge zu sprechen, denn eine normale oder erfolgreiche Person hat doch scheinbar gar keine solchen Fragen und auch keine Probleme. Und wenn sie eines hat, löst sie es spielend. Aber gerade die unterdrückten Probleme können den betroffenen Personen irgendwann echte, organische Beschwerden verursachen. Die Medizin fasst diese Verbindung von Körper und Seele unter dem Begriff »Psychosomatik« zusammen.

Ich legte deshalb im Laufe meiner Praxistätigkeit den Fokus immer mehr auf diese Punkte und konnte dank »Life-Coaching«, also Beratung und Begleitung, vielen helfen, mit ihrem Leben besser und leichter zurechtzukommen. Wichtig ist bei einem Coaching immer das gegenseitige Vertrauen und dass für beide Partner die Chemie stimmt!

Auch nach der Aufgabe meiner Praxistätigkeit haben mich immer wieder Menschen aufgesucht, die mich von früher kannten und bei mir um Rat oder ein Coaching nachsuchten. Das ist bis heute der Fall. Doch mein Engagement ist zeitlich begrenzt. In erster Linie widme ich mich natürlich meinem Nationalratsmandat.

Politik ist immer Gegenwart. Die nachfolgenden Themen sind aber sozusagen zeitlos und immer aktuell. Es sind Themen, die in Beratungen häufig zur Sprache kommen. Deshalb möchte ich am Schluss dieses Buches noch einige Erfahrungen, Erkenntnisse und Beobachtungen aus meiner medizinischen Tätigkeit und aus meiner Coaching-Praxis aufgreifen. Die Ausführungen erheben nicht den Anspruch einer wissenschaftlichen Abhandlung und reflektieren ausschliesslich meine ganz persönliche Meinung.

Ein sonniger Tag im Garten, Ende Juli. Ich denke bei einer Tasse Kaffee über Gott und die Welt nach. Die frische Luft, der blaue Himmel heben meine Stimmung und lassen mich träumen. Im Hintergrund das Zwitschern der Vögel im Grün der Bäume ... Plötzlich wird mir bewusst: Ich fühle mich rundum wohl, bin glücklich und zufrieden! Ja, ich bin glücklich!

Hand aufs Herz: Wann haben Sie das letzte Mal von jemand gehört: »Mir geht es gut, ich bin glücklich und zufrieden?« Diese Aussage hat heute Seltenheitswert. Doch momentanes oder dauerhaftes Glück ist letztlich fast das einzig

Wichtige im Leben und das Einzige, was wirklich zählt. Jeder Mensch ist praktisch ununterbrochen auf der Suche nach seinem persönlichen Glück – ein ganzes Leben lang. Deshalb gibt es am Ende unseres Lebens nur eine wesentliche Frage: Wie viele Stunden, Tage oder Jahre waren wir glücklich? Oder waren es vielleicht nur Minuten oder Sekunden? Gestalten wir doch unser Leben so, dass wir am Lebensabend auf möglichst viele glückliche Tage zurückblicken können. Doch was ist eigentlich Glück?

Richard Estermann und unser Sohn Richard in Luzern

Glück im allgemeinen Sinne gibt es nicht. Es bedeutet für jeden Menschen etwas anderes. Doch eines ist sicher: Glück hat mit Geld und Besitz nur wenig zu tun. Es ist immaterieller Natur, unscheinbar und unsichtbar. Damit sind natürlich nicht Menschen gemeint, die arm sind, unterdrückt werden oder denen es gesundheitlich schlecht geht – im Gegenteil. Am häufigsten glücklich sind Menschen, die ein gutes Einkommen haben, mit ihrer beruflichen Tätigkeit und dem Leben zufrieden sind und in geordneten Verhältnissen leben. Zufriedenheit ist bekanntlich der kleine Bruder des Glücks!

Glücksforscher betonen immer wieder, dass materielle Werte das Glücksgefühl nur kurzfristig heben. Sehr schnell erreicht es dann wieder den ursprünglichen Zustand. Auch wenn wir den Jackpot knacken würden oder sonstwie plötzlich zu viel Geld kämen: Glück und Zufriedenheit fallen kurz darauf wieder zurück auf den Normalpegel. Wenn einmal die Grundbedürfnisse des Menschen gedeckt sind, lässt sich nur noch eine geringe Steigerung des Glückgefühls erreichen. In vielen Gesprächen mit Freunden und Bekannten, aber auch aus meiner Praxis, sind mir immer wieder ganz einfache Antworten auf die Frage nach dem persönlichen Glück begegnet. Sie spiegeln das einfache Leben wider. Ich bin glücklich, wenn ich

- ein Picknick mache an einem wilden Bergbach, zusammen mit meiner Familie
- auf einem Sandplatz ein tolles Tennismatch spielen kann
- zusammen mit meiner Familie und bei Kerzenlicht gemütlich ein Fondue esse

- mit meiner Frau zusammen in den Bergen wandern kann
- gute Gespräche mit Freunden führe, zuhause am Kaminfeuer oder in einem lauschigen Biergarten
- auf einer Bank am Waldrand sitze und dem munteren Gezwitscher der Vögel lauschen kann usw.

Sich an den kleinen Dingen des Lebens zu erfreuen und sie zu geniessen, einfach zu sein, ist ein Glücksgeheimnis. Denn das Glück liegt oft am Wegesrand, direkt vor unseren Augen. Aber wir sehen es nicht. Viele Menschen warten deshalb ihr ganzes Leben lang auf das grosse Glück – leider oft vergebens –, anstatt das kleine Glück zu fassen und zu geniessen.

Trotz Konsumüberfluss, Arbeitserleichterungen, steigendem Lebensstandard und höherer Löhne, trotz Computer, Facebook und Internet sind die Menschen von heute leider nicht glücklicher als vor 50 Jahren! Zu diesem Ergebnis kam die Demoskopin Prof. Dr. Elisabeth Noelle-Neumann vom Institut Allensbach. Der Wohlstand wächst, nur das Glück nicht. Warum ist das so? Vielleicht auch deswegen, weil das einfache Leben offenbar glücklicher macht, aber immer seltener anzutreffen ist.

Glück ist ganz und gar unspektakulär. Es ist einfach das Gefühl, zufrieden und mit sich und der Welt im Einklang zu sein. Die meisten Glückserlebnisse haben Menschen deshalb mit ihrer Familie, mit Freunden und in der Natur. Was für ein herrliches Gefühl und was für eine Stimmung bei einer Wanderung in den Bergen! Wieviel Kraft gibt uns die unberührte Natur. Hier spüren wir das Leben unmittelbar. Hier können wir auftanken, damit wir für den Alltag wieder gerüstet sind.

Was für eine Diskrepanz zu den Konferenzen und Vorträgen, die ich oft besuchen muss, wo nicht selten staubtrockene Theorien verkündet werden. Vielfach ohne jede Substanz, oft fern von jeder Realität und die Teilnehmer werden stundenlang mit Worthülsen beworfen.

87 Prozent unserer deutschen Nachbarn möchten laut einer repräsentativen Umfrage der Zeitschrift »Hör-Zu« einmal ihre Seele baumeln lassen und sich in der Natur erholen. Ist es nicht mehr als eigenartig: Das, was ganz selbstverständlich sein sollte, wird bald zum grössten Wunsch des Menschen.

Dauerhaftes Glück hingegen fällt uns nicht einfach in den Schoss. Dafür müssen wir etwas tun. Es ist etwas, das wir selbst erschaffen und erarbeiten müssen. Ein ganz besonderes Glücksgefühl erleben wir beispielsweise, wenn wir für etwas kämpfen und uns anstrengen für etwas Sinnvolles, das uns sehr wichtig ist. Dauerhaftes Glück ist auch nichts für die Öffentlichkeit. Wie sagt der Volksmund: »Glück ist ein zartes Pflänzchen, das im Verborgenen blüht und die Öffentlichkeit scheut!«

Religiöse Menschen sind übrigens glücklicher als ihre ungläubigen Mitmenschen. Selbständige sind glücklicher als Angestellte, obwohl sie mehr arbeiten müssen und meistens auch weniger verdienen.

Fast alles auf dieser Welt lässt sich kaufen. Unsere Wohlfahrtsgesellschaft kann alle Wünsche und Bedürfnisse des Menschen erfüllen. Ausgenommen die wichtigsten, die nicht-materiellen und unsichtbaren Dinge des Lebens: Liebe und Glück!

Liebe ist das am meisten missbrauchte und missverstandene Wort. Aber so unglaublich es klingen mag: Wahre Liebe ist die grösste, nicht sichtbare Macht auf Erden. Sie ist in der

Lage, Mauern und Barrikaden niederzureissen, Grenzen zu öffnen und Hindernisse zu überwinden. Und am Ende eines Lebens zählt nur die Liebe: Liebe und Zuwendung, die wir unseren Angehörigen und unseren Mitmenschen auf ihrem Lebensweg mitgeben durften.

Doch zurück zum Thema. Glück ist ein Zustand, der von innen kommt, eine Geisteshaltung. Stellen wir dem Glück auf keinen Fall Bedingungen. Entweder ist der Mensch unter bestimmten Gegebenheiten glücklich oder er ist es nicht. Deshalb ist es letztlich auch unmöglich, anderen Menschen zu ihrem Glück zu verhelfen. Jeder von uns ist persönlich für sein eigenes Glück verantwortlich. Fragen wir uns also selbst:

- Wann und bei welcher Gelegenheit war ich das letzte Mal glücklich?
- Bei welchen Menschen fühle ich mich glücklich und wohl?
- Welche Beschäftigung macht mich besonders glücklich?
- Was ist mir besonders wichtig?

Glück hat ausser mit der Natur fast immer etwas mit Menschen zu tun. Sie sind das Wertvollste im Leben: Partner, Familie, Kinder, Freunde, Bekannte. Menschen, mit denen wir uns verstehen. Alleinsein ist fad und macht auf Dauer krank. Deshalb ist echte Freundschaft und Gemeinschaft nicht nur das Schönste, sondern auch das Gesündeste, was uns passieren kann. Herzinfarkt, Immunschwäche und Depressionen sind bei Singles bis zu viermal häufiger anzutreffen. Glückliche Menschen leben auch nachweislich länger, sind produktiver und zu einer grösseren Leistung fähig. Sie können besser mit Stress umgehen, haben stärkere Abwehrkräfte und das Kreislaufsystem wird entlastet. Glückliche Menschen haben also auch einen »glücklichen Körper«.

Im Kreis der Familie und bei echten Freunden finden wir Halt. Hier können wir so sein, wie wir sind, ohne dass wir uns verstellen müssen. Aber gute Freunde sind so selten wie Diamanten in der Wüste! Gehören wir zu denjenigen Menschen, die sich mit echten Freunden umgeben dürfen, dann hebt dieser Zustand unseren Serotoninspiegel: Wir empfinden höchstes Glück! Echte Freundschaft ist deshalb unbezahlbar, sie erhält unsere seelische Gesundheit und gibt uns Sicherheit und Geborgenheit. Aber Egoismus, Oberflächlichkeit und Zeitmangel verhindern leider immer mehr das Wachstum oder überhaupt das Entstehen stabiler Freundschaften. Und was ist das Geheimnis echter und dauerhafter Freundschaft? Auf andere Menschen zugehen, sich öffnen, Interesse zeigen, für andere da sein, für sie Zeit haben. Bestehende Kontakte pflegen und andere an unserem Glück teilhaben lassen. Denn Glück ist das einzige Gut, das sich vermehrt, wenn man es teilt!

Materieller Konsum und Besitz allein macht nicht glücklich. Luxus wärmt nicht und man gewöhnt sich sehr schnell daran. Das Glücksgefühl lässt nach. Jeder materielle Luxus, den wir nicht unbedingt zum Leben brauchen – von der Yacht bis zum Luxusobjekt –, wird für uns sogar irgendwann zur Belastung. Weniger ist mehr! Wie sagte doch der Modezar und Antiquitätensammler Karl Lagerfeld: »Sammeln macht Spass, aber Besitzen ist eine Last!« Entrümpeln wir unser Leben. Lösen wir uns von unnötigem, materiellem Ballast, den wir nicht brauchen, und wir erleben eine echte Befreiung.

Wir haben wohl alle schon erlebt, dass wir uns etwas einreden: »Jetzt brauche ich nur noch dieses oder jenes und dann bin ich glücklich!« Besitzen wir schliesslich das Objekt der Begierde, stellen wir mit Erstaunen fest, dass es uns nicht das Glück und die Zufriedenheit gebracht hat, was wir uns davon erhofften. Wir sind enttäuscht und stehen wieder am Anfang, deshalb nehmen uns erneut das nächste materielle Ziel vor. Einige kleine Schritte zum Glück lauten deshalb:

- Unserer Tätigkeit einen Sinn geben!
- Erlebnisse oder Geschenke mit anderen Menschen teilen, statt nur sich selbst »beglücken«!
- Familie und Freunde sind die Hauptquellen des Glücks!
- Gute Beziehungen pflegen und anderen Menschen helfen!
- Zum Glück anderer Menschen beitragen, macht selber glücklich!
- Sich Ziele setzen: Das motiviert und wir werden aktiv!
- Geborgenheit finden: Herausfinden, wo und mit wem wir uns wohl fühlen!
- Neues wagen: Eine Chance, neue Erfahrungen und Entdeckungen machen!
- Sich häufig eine kleine Freude machen und sich etwas gönnen: eine wohltuende Massage in einem Wellness-Bereich, ein gutes Essen!
- Sich bewegen: Sport, Fitness oder Gymnastik tut uns gut!
- Sich eine Ruhezeit schaffen: Jeden Tag eine bestimmte Zeit für sich selbst reservieren!
- Ein Hobby betreiben, das Spass macht und mit unserer beruflichen Tätigkeit nichts zu tun hat!

- Sich mit anderen messen oder vergleichen führt häufig zu Neid, Missgunst und damit zum Sich-unglücklich-Fühlen. Besinnen wir uns deshalb auf positive Werte und auf das, was wir haben!
- Und mit einer Portion Fröhlichkeit, Lachen, Optimismus und positivem Denken schaffen wir für das Glück die besten Bedingungen und öffnen ihm unsere Türen ganz weit!

Das Leben besteht nicht nur aus Politik. Ab und zu muss ich innehalten und mir selber über mein eigenes Tun Rechenschaft geben. Und ich frage mich dann: »Habe ich immer im Interesse unseres Landes gehandelt, dessen Werte verteidigt und mich an die im Parlament abgegebene Eidesformel gehalten? Habe ich als gewählte Volksvertreterin mein Amt auch gewissenhaft ausgeführt und bin ich meinen Pflichten nachgekommen? Kann ich anderen Menschen und mir selber jederzeit mit gutem Gewissen in die Augen sehen?« Solche und ähnliche Fragen tauchen bei mir auf, wenn der Tag zu Ende geht und ich das Tagesgeschehen Revue passieren lasse. Dann gilt es, in Ruhe und Frieden mit dem Tag abzuschliessen.

Immer mehr Menschen stellen sich heute auch die uralten Fragen: »Woher komme ich, warum bin ich da und wohin gehe ich? Worin liegt der wahre Sinn des Lebens? Was mache ich eigentlich hier auf dieser Welt? Warum mühe ich mich jeden Tag ab: Aufstehen, arbeiten, essen, schlafen und den Kontostand bei meiner Bank nachsehen, ist das wirklich alles?«

Diese Fragen beschäftigen unzählige Menschen, aber auch Philosophen und Wissenschaftler seit Jahrtausenden. Wir suchen nach Antworten, die uns aber kaum jemand geben kann – weder die Religion noch die Wissenschaft. Wo erhalten wir sie? Eine Annäherung erhalten wir vielleicht in einer meditativen Betrachtung. Für vieles gibt es in unserer Welt keine rationale Erklärung. Unser Verstand kann einordnen und klären, aber Meditation vermittelt uns in vielen Fragen eine direkte, unmittelbare Erkenntnis. Das ist ein gewaltiger Unterschied! In der Meditation erhalten wir echte Erkenntnisse über wichtige Fragen des Lebens.

Viele Menschen brauchen Wärme in einer kalten Winternacht, aber auch Liebe und Zuneigung. Ein sinnvolles Leben hat immer etwas mit Dienen zu tun. Deshalb gehört zu einem sinnvollen Leben, für andere Menschen da zu sein, sich für sie zu engagieren oder in irgendeiner Form für sie tätig zu sein. Glücklich ist – philosophisch gesehen – wer die dauerhafte Wahrnehmung des eigenen Lebens als erfüllt, sinnvoll und angenehm betrachtet!

Wir alle wissen: Es gibt mehr, als unsere fünf Sinne wahrnehmen können. Liebe existiert, obwohl sie noch niemand angefasst hat. Der Geist existiert, auch wenn ihn noch niemand gesehen hat. Auch Leben kann man nicht sehen. Und doch wissen wir alle, dass es existiert, dass der Mensch letztlich ein geistiges Wesen ist und nicht nur eine sinnvolle Anhäufung von Organen, Muskeln und Knochen! Wir sehen aber nur das, was das Leben bewirkt, nämlich dessen Manifestation. Antoine de Saint-Exupéry sagt es sehr schön im »Kleinen Prinzen«: »Das Wesentliche ist für unsere Augen unsichtbar!« Alles auf dieser Welt beginnt und endet letztlich im Immateriellen, ist also nicht greifbar, nicht materieller Natur. Meditation eröffnet uns einen Zugang zu dem, was hinter der Manifestation steht beziehungsweise wie die Dinge wirklich sind!

Es ist ähnlich schwierig, über Meditation zu sprechen wie über Liebe oder Heimweh. Man muss Meditation praktizieren und erfahren. Jede Erklärung der Meditation ist bestenfalls der Versuch einer Annäherung. Mehr nicht. Ein ausführliches Eingehen auf das Thema würde deshalb auch den Rahmen dieses Buches bei Weitem sprengen,

Meditation ist kein Hirngespinst und sie beruht auch nicht auf Einbildung. Es passiert während einer meditativen Übung nachweisbar viel in unserem Gehirn. Meditation beeinflusst die Hirnaktivität und verändert die Aktivitäten der Gehirnströme in vielen Cortex-Regionen, wie Wissenschaftler längst gezeigt haben (siehe »Bild der Wissenschaft«, 1/2013). Meditation ist auch keine Modeerscheinung, sondern seit Jahrtausenden ein fester Bestandteil vieler Kulturen und heute aus mehreren Lebensbereichen, aber auch aus dem Spitzensport, nicht mehr wegzudenken.

Das Interesse an der Meditation hat in den letzten Jahren gewaltig zugenommen. Warum? Wir rennen rast- und ruhelos umher, oft ohne Sinn und Ziel oder getrieben von einer inneren Unruhe. Stress, Unsicherheit und Ängste sind Folgen dieser Situation. Das heutige hektische Leben hindert uns daran, zu uns selbst zu kommen und uns selbst zu finden. Wir wissen nicht mehr, wer wir eigentlich sind!

Was der Mensch deshalb heute braucht, ist innere Ruhe und seelische Reife. »Reif sein« heisst, über ein seelisches Gleichgewicht zu verfügen. Die Gegenwart erfordert in vielen Lebenslagen von uns Mut und Entschlossenheit. Trotzdem gilt es, in jeder Situation absolute Ruhe und Gelassenheit zu bewahren. Die richtige Balance erreichen wir mithilfe der Meditation!

Wenn ich unterwegs bin, werde ich oft gefragt, wie ich es als Frau schaffe, mich in der Politik zu behaupten. Weil ich erfrischend anders wäre und nicht immer mit dem Mainstream schwämme, würde ich oft angegriffen, sagen sie. Trotzdem wäre ich sehr positiv, motiviert und engagiert. Meine Antwort darauf lautet: »Innere Einkehr ist der Schwimmgürtel, der mich in jeder Situation über Wasser hält!«

Es geht aber nicht nur um die erwähnten Probleme oder Lebensfragen, sondern um viele andere positiven Erscheinungen der Meditation. Sie wirken sich im körperlichen wie im psychischen Bereich aus und können – bei regelmässiger Anwendung – folgende Veränderungen bewirken:

- Meditation verändert das Denken und lenkt es in eine neue, positive Richtung: Gedanken von Wut, Angst oder Enttäuschung, wandeln sich zu Gedanken von Zufriedenheit, Glück und Harmonie.
- Stress: Puls und Blutdruck können markant gesenkt werden, das Immunsystem wird gestärkt.
- Wir kommen mit weniger Schlaf aus, haben aber trotzdem mehr Energie zur Verfügung und die Konzentrationsfähigkeit wird gestärkt.
- Die schöpferischen Kräfte des Unbewussten werden geweckt: Intuition und Kreativität.
- Meditation erweitert das Bewusstsein: Wir bekommen mehr Sinn für das Wesentliche und können besser »loslassen«.

- Wir gelangen zu neuen Erkenntnissen über uns und die Welt. Wir finden Antworten und Lösungen zu wichtigen Fragen der heutigen Zeit.

Dank Meditation leben wir als ruhender Pol mit uns selbst in Frieden. Negative Energien prallen wirkungslos von uns ab wie Regentropfen von einem Schild. Die innere Ruhe und Gelassenheit wirken sich auch auf unsere Umgebung angenehm und positiv aus. Das spüren alle, die mit uns in Berührung kommen. Sobald man einige Erfahrung mit Meditation sammeln konnte, fragt man sich: Wie ist es möglich, dass ich bis heute auf die vielfältigen und positiven Wirkungen der Meditation verzichten konnte? Die ehrliche Antwort: Nichtwissen, Bequemlichkeit oder vielleicht auch die Angst, als Esoteriker angegriffen zu werden. Meditation lässt sich in kurzer Zeit selbst erlernen. Es gibt eine umfangreiche Literatur dazu. Lassen Sie sich von Ihrem Buchhändler beraten!

Bewusst leben und loslassen

Die meisten Menschen leben entweder in der Vergangenheit oder in der Zukunft. Doch in Wirklichkeit zählt nur eines: die Gegenwart! Vielleicht kommt Ihnen die folgende Situation bekannt vor: Sie entschliessen sich, zum Einkaufen in die Stadt zu fahren und verlassen ihr Haus. Plötzlich sind Sie sich nicht mehr ganz sicher: Habe ich die Türe auch tatsächlich abgeschlossen, als ich aus dem Haus ging? Ist etwa das Küchenfenster noch offen? Habe ich den Herd wirklich ausgeschaltet? Offenbar war man nicht ganz bei sich selbst, sonst könnte man diese Fragen klar beantworten. So muss man also eventuell nochmals umkehren und nachsehen.

Es ist wichtig, jede einzelne Handlung oder Tätigkeit bewusst auszuführen, so als wäre sie das einzig Wichtige auf dieser Welt. Dazu gehören auch alltägliche Beschäftigungen. Aber wenn wir eine Routinearbeit verrichten, konzentrieren wir uns meistens nicht auf die Arbeit, und wenn wir essen, konzentrieren wir uns nicht auf das Essen. So geht es praktisch den ganzen Tag.

Wir sind es leider nicht mehr gewohnt, Gedanken und Tätigkeiten miteinander in Einklang zu bringen. Wir müssen uns aber im Leben immer auf den Augenblick konzentrieren können. Ob beruflich, privat oder im Alltag. Wir müssen unser Bewusstsein und unsere Konzentration auf das lenken, was wir gerade tun und zwar vom Anfang bis zum Ende. Überstürzte und unkontrollierte Handlungen passieren immer dann, wenn wir den Augenblick verlieren oder wenn wir etwas mit Gewalt erzwingen wollen. Wie sagte Maria v. Ebner-Eschenbach: »Die Herrschaft über den Augenblick ist die Herrschaft über das Leben!«

Leben wir also bewusst im Hier und Jetzt! Am besten beginnen wir schon am Morgen: bewusst aufstehen, ein paarmal bewusst tief ein- und ausatmen, uns bewusst waschen, bewusst die Zähne putzen, bewusst ein Glas Wasser trinken und bewusst frühstücken. Wenn wir die optimale Konzentrationsfähigkeit erreichen und darauf achten, was wir im Jetzt tun, werden das Bewusstsein und unsere Handlungen miteinander verschmelzen. Die vollkommen auf einen Punkt und auf den

Augenblick ausgerichtete Konzentration führt durch Übung zum Zustand der passiven Konzentration. Das heisst: Wir müssen uns nicht mehr bemühen, uns zu konzentrieren. Wir haben in diesem Zustand immer genügend Zeit und alles geschieht von selbst – automatisch, spontan, mühelos.

Leben im Hier und Jetzt heisst: Wir hängen keinen Erinnerungen oder Träumen nach und haben weder Kummer noch Sorgen. Heute sind wir hier und heute ist es wunderschön. Morgen ist wieder ein anderer Tag. Die Zeit, die Gegenwart, wird für uns zur Ewigkeit!

In meinen Coachings stellte ich fest: Eine grosse Anzahl Menschen lebt auch in einem dauernden Spannungs- und Angstzustand. Er ist bei vielen immer präsent, auch in ihrer Freizeit. Was wird morgen wieder sein? Wie wird dieses oder jenes ausgehen? Was wäre, wenn ich meinen Job verlieren würde oder das Geld nicht mehr ausreicht? Man fürchtet Krankheit, leidet unter Kriegsangst, fürchtet Inflation, hat Weltuntergangsängste.

Wissenschaft und Technik wollen uns sagen: Alles ist machbar, alles ist erklärbar. Doch das Leben ist nicht erklärbar und nicht kontrollierbar. Der berühmte Ziegelstein, der uns zufällig auf den Kopf fallen kann, das Flugzeug, das zufällig abstürzt oder der Amokschütze, der zufällig im Einkaufszentrum um sich schiesst. Es gibt so viele Möglichkeiten, dass etwas Unvorhergesehenes passiert. Lösen wir uns von der Vorstellung, dass es im Leben etwas Sicheres gibt. Wir können auf Dauer nichts unter Kontrolle halten. Aber wir können uns dauernd Sorgen machen und uns ängstigen, doch dies ändert an der Situation nichts. Wir können nur eines tun: unsere Einstellung gegenüber dem Leben ändern und loslassen!

Was heisst das? Stellen wir unser Schicksal unter eine höhere Gewalt. Vertrauen wir einer unendlichen Intelligenz, die alles zu unserem Besten richtet und legen wir unser Schicksal in ihre Hände. Lassen wir los und unser Leben wird sich positiv verändern. Wir leben freier, ruhiger und gelassener, denn wir sind nur Gäste auf dieser Welt. Die »Rahmenbedingungen« für unseren Aufenthalt sind von einer höheren Instanz vorgegeben.

»Später einmal werde ich …« Kommt uns dieser Satz nicht sehr bekannt vor? Was wollen wir nicht alles tun, wenn wir einmal Zeit haben, wenn die passende Gelegenheit kommt, wenn wir pensioniert sind. Mit dem Rauchen aufhören, in die Karibik fahren mit einem Kreuzfahrtschiff, schreiben, malen, Hobbys nachgehen. Aber wer weiss, ob wir später einmal auch noch Lust am Reisen haben oder ob wir überhaupt noch da sind?

»Später einmal werde ich …« Wie oft habe ich diesen Satz schon gehört. Ich kenne Menschen, die verschiedene Sammlungen lagern für ihre Pensionierung oder dann einem neuen Hobby nachgehen wollen. Andere möchten an einem Segeltörn teilnehmen, einen Roboter bauen, ein Musikinstrument erlernen und Musik machen – wenn sie einmal Zeit haben.

Warten wir nicht auf diesen Zeitpunkt, denn wer weiss, was morgen ist? Vergessen wir diesen Satz. Wenn wir wirklich etwas für uns Wichtiges machen wollen, dann tun wir es heute! Nicht morgen oder übermorgen – auch nicht nächstes Jahr oder irgendwann einmal. Eine neue Beschäftigung suchen, sich selbstständig machen, sich für einen guten Zweck engagieren oder was auch immer. Vielleicht haben wir sogar konkrete Pläne, aber wir warten immer auf deren Umsetzung. Tun wir es jetzt. Denn auch die längste Reise beginnt mit einem ersten Schritt.

In diesem Zusammenhang fragen wir uns einmal, was uns wirklich wichtig ist und was wir eigentlich am liebsten tun würden. Viele wissen es sehr genau, andere überhaupt nicht. Wie können wir das herausfinden? Am besten mit einer provokativen Frage, die wir uns selbst stellen: »Was würde ich tun, wenn ich nur noch einen Monat zu leben hätte?«

Indem wir uns dieser Vorstellung hingeben, finden wir in einer kurzen, meditativen Betrachtung vermutlich die Lösung. Es wird uns klar, was uns wirklich wichtig ist und was wir unbedingt noch tun möchten. Es kann sogar sein, dass wir uns in unserem bisherigen Leben nur mit unwichtigen Dingen beschäftigt und das, was wir wirklich tun oder erreichen wollten, immer auf später aufgeschoben haben.

Die australische Palliativpflegerin Bronnie Ware hat jahrelang Sterbende betreut und sie nach ihren Versäumnissen im Leben befragt. In ihrem Buch »Fünf Dinge, die Sterbende am meisten bereuen« hat sie die alarmierenden Antworten veröffentlicht. Zentral und an erster Stelle war die Aussage: »Ich wünschte, ich hätte den Mut gehabt, mein eigenes Leben zu leben und nicht das Leben, das andere von mir erwarteten!«

Auch das Bedauern darüber, zu viel gearbeitet zu haben, der mangelnde Mut, Gefühle gezeigt und Kontakte zu wenig gepflegt zu haben, kam in der Befragung deutlich zum Ausdruck. Und auch der Vorwurf gegen sich selbst, dass sich diese Erkenntnis erst jetzt einstellte, als es bereits zu spät war. Deshalb: Tun wir das, was wir wirklich gerne tun möchten oder schon immer tun wollten jetzt, damit wir später auf ein erfülltes Leben zurückblicken können mit der Gewissheit, das getan zu haben, was wir tun wollten. Wir wissen ja, dass die brennende Lebenskerze jederzeit erlöschen kann. Wie schlimm ist doch für einen unheilbar Kranken die Feststellung, dass es zu spät ist und er all das, was er unbedingt machen wollte, nicht getan hat und nun leider auch nicht mehr tun kann. Denn entscheidend ist letztlich nicht die Lebensdauer des Menschen, sondern das, was wir aus unserem Leben machen.

Und noch etwas: Sie sollten sich die wichtigste Person in Ihrem Leben sein und Sie allein müssen Ihr Tun verantworten. Hören Sie nicht auf Kritiker, sondern tun Sie das, wovon Sie überzeugt sind und was Sie für richtig halten. Und stehen Sie dazu! Gestalten Sie Ihr Leben so, dass Sie an dessen Ende sagen können: »Alles war gut und ich würde auch heute nichts anders machen!«

Es gibt Milliarden Menschen auf dieser Welt, doch jeder kann von sich sagen: »Ich bin einzigartig und einmalig. Es gibt nur einen einzigen Menschen wie mich – ich bin unverwechselbar. Es hat noch nie einen solchen Menschen gegeben und es wird auch nie wieder einen solchen geben. Deshalb bin ich für mich die wichtigste Person und der Mittelpunkt in meinem Leben!«

Das hat nichts mit Arroganz oder Egoismus zu tun, sondern damit, mein eigenes Leben zu leben. Meine Aufgabe auf dieser Welt besteht darin, aus meinem Leben in jeder Hinsicht das Beste zu machen. Und damit auch meinem Leben – durch meine Tätigkeit – einen Sinn zu geben. Von meinem Erfolg profitieren dann auch die Mitmenschen. Ich kann wirklich bei Bedarf für sie da sein und meine sozialen Verpflichtungen wahrnehmen.

Ich bin auch nicht allein auf dieser schönen Welt. Ich bin verbunden mit unzähligen anderen Menschen, ja, ich bin auf sie angewiesen. Alles ist wie ein grosses Mosaik und ich bin ein kleines Steinchen darin. Ich teile mit anderen Menschen Interessen und Neigungen, bin beruflich und gesellschaftlich mit ihnen verbunden. Wir sind eine einzige, grosse Familie und ich bin ein Teil des grossen Ganzen.

Dieser Zusammenhang wird mir in einer anderen Dimension so richtig bewusst, wenn ich in einer klaren Nacht den Sternenhimmel betrachte. Im unendlichen Universum herrschen Grössenordnungen, Distanzen und Geschwindigkeiten, von denen wir uns gar keine Vorstellung machen können. Und wir sind fasziniert vom imposanten Orion, von den Plejaden oder vom Grossen Wagen. Sternbilder haben auf viele Menschen seit Jahrtausenden eine magische Wirkung. Oder welcher Zauber geht von der Andromedagalaxie aus, dem entferntesten Objekt, das man noch mit blossem Auge erkennen kann? Das Licht des »Spiralnebels« war 2,5 Millionen Lichtjahre unterwegs, bis es unseren Planeten erreichte. Als ich die Andromedagalaxie das erste Mal im Fernglas sah, lief mir ein Schauer über den Rücken. Dieser faszinierende »Wattebausch« mit dem hellen Kern im Zentrum lässt auf eine ungeheure Energie schliessen: Astronomen vermuten darin eine Billion Sterne! Für einen Moment, für den Bruchteil einer Sekunde glaubte ich die Ganzheit des Universums zu spüren und einen Hauch der Ewigkeit wahrzunehmen. Und ich fragte mich, wie so viele andere auch: »Gibt es dort in dieser Galaxie – oder anderswo im Universum – eventuell Leben? Oder gibt es dort sogar bewohnte Planeten? Sind wir also nicht allein im Universum?« Wissenschaftler und Astronomen halten es für sehr wahrscheinlich, dass es ausser uns weiteres Leben im Universum gibt.

Und wir stellen uns unweigerlich die »letzte« Frage: »Wie ist eigentlich das ganze, unvorstellbare Universum entstanden? Und was war am Anfang?« Seine Entstehung wird von den Wissenschaftlern immer mit der Theorie des Urknalls erklärt. Doch was war vor dem Urknall? Fragen, auf die uns auch die Wissenschaft keine befriedigende Antwort geben kann.

Beim Betrachten dieses Mysteriums sehen wir uns, unser Leben und unsere Tätigkeit in einer anderen Relation. Wir erkennen, wie unnötig und unwichtig viele unserer hektischen Tätigkeiten sind. Wir werden bescheiden. Und wir kommen zur Erkenntnis, wie klein und unwichtig alles auf dieser Erde ist: Was wir denken, was wir sind und was wir tun …

Vieles bleibt für uns Menschen ein Mysterium, aber wir spüren: Es gibt eine höhere Instanz, die hinter den Dingen steht und unser Geschehen auf dieser Erde lenkt und leitet. Das spüren wir in bestimmten Momenten ganz deutlich. Und es ist für uns auch beruhigend zu wissen, dass wir im Universum nicht allein sind! So schliesst sich der Kreis und wir sind wieder zurück auf unserer Erde.

Mit dem Schreiben dieses Buches ist auch für mich ein Lebenskapitel abgeschlossen. Doch mit jedem neuen Tag wird mir bewusst, wie wenig ich weiss. Der wehmütige Gedanke verliert sich jedoch schnell durch den Drang, noch mehr zu lernen, das Leben noch besser zu verstehen und noch mehr Erkenntnisse zu sammeln. Das Leben ist mein bester Lehrmeister. Und ich sehe mich persönlich als seine ewige Schülerin.

Ich bin weiterhin neugierig auf das Leben, auf die kommenden Herausforderungen und bin einfach nur bescheiden. Ich bin dankbar für alles, was mir das Leben bisher schenkte. Und egal, wo ich mich in Zukunft engagiere: Meine Tätigkeit soll für die Gemeinschaft von Nutzen sein und ich werde immer versuchen, mein Bestes zu geben. Vielleicht konnte ich mit diesen Zeilen auch den einen oder anderen motivieren, sein Leben anders, glücklicher zu gestalten. Wenn mir das gelungen ist, hat das Buch bereits seinen Zweck erfüllt!

Wie ein Fluss, der auf seinem Weg ins Meer viele Stadien der Wildheit und Ruhe durchläuft, so fühle ich mich. Nur weiss ich nicht, ob ich schon die Talebene erreicht habe und damit in etwas ruhigere Gewässer steuere. Aber vielleicht kommen noch wilde Kaskaden oder enge Schluchten auf mich zu. Der Fluss auf seinem Weg zum Meer verschwindet nicht. Er geht lediglich die Gemeinschaft mit einem anderen Gewässer ein und wird so zu einem neuen, noch grösseren Fluss. Und das Meer nimmt letztlich alle Flüsse mit ihrer Individualität in sich auf, um wieder durch den »Wasserkreislauf« neue Individualitäten zu formen …

Wir alle steuern auch einem gemeinsamen Ziel entgegen. Nämlich dass wir am Ende unserer Reise im Ganzen – wie jeder Fluss – im Meer aufgehen, in der Ewigkeit. Viele Menschen meinen oft, dass wir vergessen werden. Ja, wir gehen im Ganzen auf, aber unser Weg, unsere Spuren und unser Wirken werden für immer gespeichert sein! Und die Speicherkarte des Lebens ist unendlich – sie wird nie voll!

Meine Webseiten im Internet

Aktuelle und private Informationen über mich und meine politische Tätigkeit finden Sie laufend im Blog *www.estermann-aktuell.ch*

Hier ist die Pattform für Ihre Meinung: *www.estermann-news.ch*

Auf diese Webseite finden Sie Informationen über meine Herkunft, meine Ausbildung, meinen Werdegang und meine politischen Standpunkte. Diese Seite wird aber seit Jahren nicht mehr aktualisiert! NEU: »estermann-aktuell« *www.yvette-estermann.ch*

Wenn Sie mich auf Video erleben möchten, finden Sie einige Beiträge und Voten aus dem Bundeshaus, der »Rundschau«, der »Arena« usw., aber auch private und amüsante Beiträge wie bei »Giaccobo/Müller« unter *www.estermann-tv.ch*

Informationen über meine gemeinnützige Stiftung, für den Erhalt der direkten Demokratie und einen unabhängigen, sicheren Wirtschaftsstandort Schweiz finden Sie unter *www.yvette-estermann-stiftung.ch*

Schreiben Sie mir auch weiterhin Ihre Sorgen oder Probleme.

Haben Sie Anregungen, Hinweise oder auch eine Kritik anzubringen? Rufen Sie mich am besten einfach an.

Meine Kontaktdaten:

Yvette Estermann
Bergstrasse 50A
CH-6010 Kriens-Luzern

Tel. 041/310 90 90

E-Mail: *info@yvette-estermann.ch*